Afrika

Afrika

Fair gekocht und heiß gegessen

Al Imfeld – Lucas Rosenblatt – Judith Meyer

FONA

www.fona.ch
Verantwortlich für das Lektorat: Léonie Haefeli-Schmid
Texte Seiten 8 bis 33: Al Imfeld
Übrige Texte: Sara Meyer, claro fair trade
Begleittexte im Rezeptteil: Judith Meyer
Gestaltung: Andrea Heimgartner, Zürich
Foodbilder und Produkte-Aufnahmen: Patrick Zemp, Rothenburg
Reportage-Bilder: JLBPhoto, Jean-Louis Brocart, Belgien,
und Robert Schmid, Obererlinsbach/www.3wimage.com
(Seiten 8, 9, 15, 19, 20, 21, 28, 32)
Das Geschirr für das Fotokochen wurde freundlicherweise
zur Verfügung gestellt von: Lisa Buchecker, Cascade, Luzern
Zitate (Seiten 15, 35, 45, 69, 86, 115, 139):
Atlas der Weltverwicklungen, 2001, Peter-Hammer-Verlag GmbH
Lithos: Repro Schicker AG, Baar
Druck und Bindung: Uhl, Radolfzell

ISBN 3-03780-203-0

Fonio, Perlhirse, Sorgho, Gari und getrocknete Mango sind in den claro- und Weltläden erhältlich. Bedingt durch das Klima kann es zeitweilig zu Ernteausfällen kommen. Die claro- und Weltläden in Ihrer Nähe finden Sie auf www.claro.ch

Wo nicht anders vermerkt, sind die Rezepte für 4 Personen berechnet.
EL = gestrichener Esslöffel, TL = gestrichener Teelöffel, dl = Deziliter, ml = Milliliter, l = Liter, Msp = Messerspitze

Ein Großteil der Afrikanerinnen und Afrikaner ist heute wirtschaftlich schlechter gestellt als zur Kolonialzeit. Entwicklungsgelder und Hilfsgüter werden von den amtierenden Machthabern häufig beschlagnahmt und für eigene Interessen genutzt. Hunger und Armut werden bewusst als Machtmittel eingesetzt. Das Nachsehen hat die mittellose Bevölkerung.

Der Faire Handel reagiert auf diese Problematik, indem er einen direkten Ansatz wählt. Anstelle eines Geld- und Hilfsgütertransfers erfolgt eine konkrete Intervention vor Ort. Der Faire Handel fördert durch Ausbildung, Beratung, Darlehen und Maßnahmen zur Qualitätsförderung der Produkte die eigenständige Entwicklung der Produzentinnen und Produzenten. Zudem erhalten die Produzentengruppen für ihre Produkte einen fairen Preis. Die Fair-Handels-Preise unterliegen nicht den Schwankungen auf dem Lokal- oder Weltmarkt, sondern werden an den reellen Lebenshaltungskosten bemessen. Diese Vereinbarung ist jedoch nur dann sinnvoll, wenn die Handelsbeziehungen langfristig und stabil sind. Daher investiert claro ununterbrochen in die Entwicklung der Produzentengruppen und in die Produkte.

Die Bedürfnisse der Kooperativen und Genossenschaften werden vor Ort erhoben. Der Faire Handel achtet darauf, dass mit dem Export die Selbstversorgung nicht gefährdet wird. Es muss nach dem Export immer genügend Nahrung für die Produzentenfamilien übrig bleiben. Damit die Bauerngruppen nicht in finanzielle Engpässe geraten oder sich verschulden, werden Saatgut und Rohmaterialien von claro fair trade vorfinanziert.

Afrika blickt auf eine lange Geschichte systematischer Ausbeutung zurück. Die Menschen dieses reich begüterten Kontinents zählen zu den ärmsten der Welt. Kolonialherren, Diktatoren, Militärs und ausländische Machthaber waren und sind verantwortlich für eine ungerechte Verteilung der Reichtümer und Nahrungsmittel. Auch heute – nach 40 Jahren Entwicklungshilfe – geht es der Bevölkerung nicht besser.

Der Faire Handel ist eine Antwort auf soziale und wirtschaftliche Ungleichgewichte in der Welt – und in Afrika. Tausende von Menschen setzen sich tagtäglich dafür ein, dass die Schere zwischen armen und reichen Ländern nicht immer größer wird. Dazu braucht es aber auch Menschen, die fair gehandelte Produkte konsumieren. Dass Konsumentinnen und Konsumenten dabei keinerlei Kompromisse in Kauf nehmen müssen, beweisen die sozial verträglichen und qualitativ hochwertigen claro-Produkte. Lassen Sie sich von den köstlichen Rezepten aus den traditionell westafrikanischen Produkten Fonio, Perlhirse, Sorgho, Gari, Nièbè-Bohnen, Mango und vielen mehr verzaubern! Va mi dunu! (In Ewe: «Kommen Sie zu Tisch!»)

Sara Meyer, claro fair trade

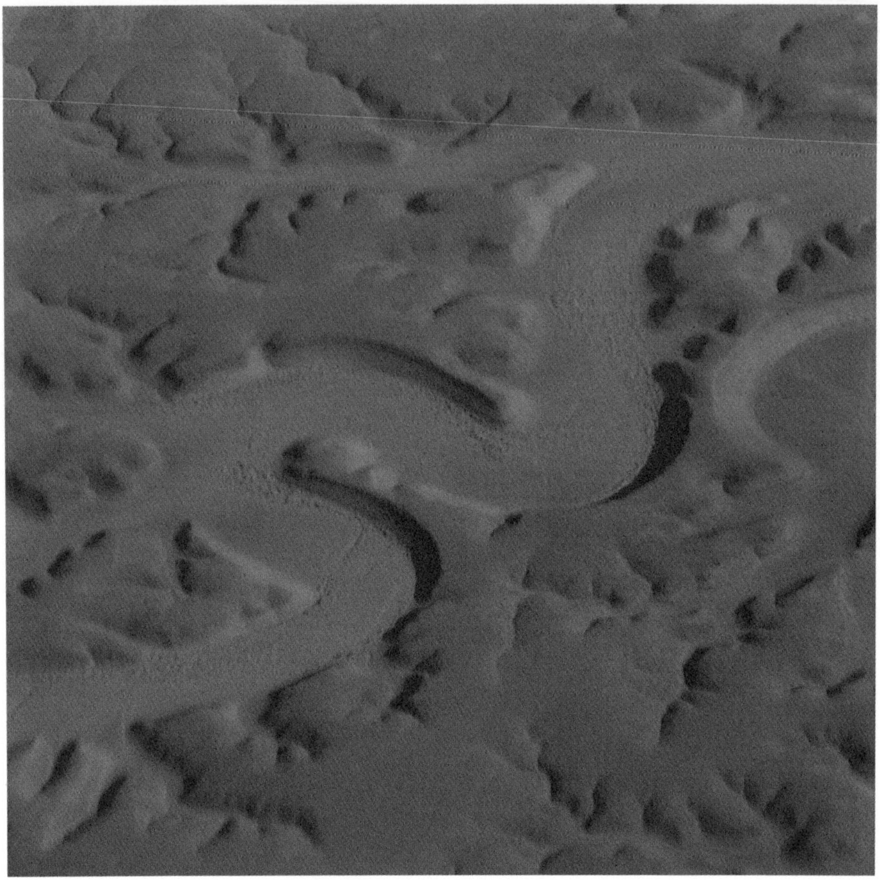

Essen auf dem afrikanischen Kontinent

Ein «afrikanisches» Essen gibt es nicht. Es köchelt überall anders; es duftet nach Traditionen aus verschiedenen Gegenden; es entstanden durch die Geschichte stets neu geprägte Esskulturen – so ist Nordafrika vom Islam tief geprägt, Namibia hingegen von deutscher und burischer Kultur überlagert. Vieles ist auch klima- und bodenbedingt.

Der Ursprung ist ein Brei

Damit sind wir bereits bei einem weiteren und für Afrika zentralen Punkt: Alles Essen auf dem ganzen Kontinent besteht aus Überlagerungen, also von alter und neuer Essweise, von seit je Vorhandenem und von aus anderen Weltgegenden Dazugekommenem, die langsam ineinander verschmolzen und mit Wünschen und Symbolen verknüpft sind. Afrikas Speisen sind eine Melange. Falls es ein inneres gemeinsames Wesen Afrikas gibt, dann besteht es in den dauernden Vermischungen. Rein bedeutet allein, einsam und uninteressant; rein und allein existiert sowohl der Mensch als auch das Essen nicht; Essen sollte eine Mischung und ein Gastmahl mit anderen und für andere sein.

Klima und Geologie fordern heraus

Afrikas Klima ist voller Gegensätze und nicht besonders menschenfreundlich: Trockenheit und Dürren schaffen gigantische Wüsten und verwundbare Savannen; dazwischen gibt es Berge mit Schnee, langsam aussterbende Tropenwälder, eindrückliche Flüsse wie etwa den Nil und den Niger, den Kongo oder den Sambesi. Das ist die Ursache dafür, dass die Landwirtschaft Afrikas dauernd variiert von fruchtbar bis kümmerlich.

Die Geologie meint es ebenfalls nicht überall gut. Winde haben weite Flächen verweht und bloß noch minimale Schichten von Humus hinterlassen.

Die Bauern müssen daher äußerst sorgsam sein; eine großflächige Landwirtschaft hat nur in einigen wenigen Gegenden wie im Süden eine Chance. Sowohl die geologischen als auch die klimatischen Gegebenheiten zwingen zu einer Kleinlandwirtschaft. Die jedoch hat in unserer Welt kaum eine Chance, da der Bauer nicht nur für das Essen, sondern auch für die Devisen Verantwortung übernimmt.

Selbstversorgung ist westlich

Eine rigide Forderung nach Selbstversorgung bedeutet für Afrikas Bauern eine Vernichtung des Selbstverständnisses und somit ihren Untergang, denn sie sind auf Austausch, auf Aus- und Einfuhren angewiesen. Die Menschen benötigen heute nicht nur Essen, sondern auch etwas Geld, um damit für Bildung, Gesundheit und zudem ein wenig Konsum und Lustbarkeit zu bezahlen. Für die verschiedenen Landwirtschaften des Kontinents ist ein fairer inner- und außerafrikanischer Agrarhandel lebensnotwendig.

Gerade unter diesem Gesichtspunkt wäre es arrogant und chauvinistisch, eine Selbstversorgung pur zu fordern, denn Afrika lebt anders, und afrikanisch essen heißt im Tiefsten und Letzten, von jemand anderem etwas zu essen und eigenes Essen weiterzureichen, also jemanden und etwas von außen hinzuzunehmen, aber auch etwas abgeben oder tauschen zu können. Handel und Markt gehören zum Herzen afrikanischer Befindlichkeit und sind auch Teil der Esskultur.

Selbstversorgung würde der Frau Wesentliches wegnehmen, sie auf das Gehöft verbannen und zu Hause festhalten. Deshalb wohl wehren sich manche Frauen (denn sie sind Afrikas Bauern) gegen erzwungene Selbstversorgung; sie wollen einkaufen und tauschen gehen und wollen dabei auch über Gott und die Welt, die Nachbarn und ihre Chiefs palavern können.

Die älteste Agrargeschichte

Der Europäer verhält sich egozentrisch und glaubt, alles sei vom Norden, dem Zwischenstromgebiet, Kleinasien oder dem Libanon ausgegangen. So steht es gar noch immer in allen Schulbüchern. Hintergrund dazu ist ein Vorurteil mit fragwürdigen Folgen, jenes nämlich, das Paradies habe im Mittleren Osten gelegen, Adam und Eva seien daraus vertrieben worden und hätten erst dann in jener Gegend Landwirtschaft zu betreiben begonnen. Doch das ist ein Mythos, nicht Geschichte. Er unterschlägt, dass die nördliche Hemisphäre Eiszeiten kannte, die südliche jedoch nicht; er unterschlägt ferner, dass der Ursprung der Menschen wohl auf dem afrikanischen Kontinent lag; er unterschlägt, dass wo immer Menschen als Homo sapiens zu agieren begannen, sie essen und trinken mussten und sich zu versorgen begannen; er unterschlägt, dass der Mensch gerade deshalb Homo sapiens ist, weil er zu kalkulieren und kultivieren ansetzte, weil er nicht einfach herumnomadisierte und hier etwas jagte, dort etwas sammelte, sondern überlegen musste, wie er günstig und ohne viel Aufwand zu seiner Versorgung kam.

Erst in den letzten Jahrzehnten ist die Agrarwissenschaft langsam zur Erkenntnis gelangt, dass auf dem afrikanischen Kontinent Pflanzen und Tiere in Dienst genommen, das heißt: gezüchtet und domestiziert wurden. Die Kolonialzeit hat sich zur eigenen Rechtfertigung geweigert, «Afrikanisches» anzunehmen; alles, auch Gott und Brot, kam für sie von außen in die Wildnis und in die Ära der «Vormenschen». So wurden nicht nur Afrikas Menschen, sondern auch seine Bauern höchstens als Kinder betrachtet und abschätzig als Nomaden, als Jäger und Sammler bezeichnet. Diese Vorurteile dienten der kolonialen Rechtfertigung, und sie machten Geschichte.

Neue Erkenntnisse

Heute gehen Agrarhistoriker von folgenden Grunderkenntnissen über die so genannte landwirtschaftliche Urzeit aus:

1. Seit es Menschen gibt, gibt es Landwirtschaft, also bereits seit über einer halben Million Jahren. So muss der Beginn der Landwirtschaft zumindest teilweise auf Afrikas Erde liegen.

2. Die Menschen rannten zu Beginn nicht einfach kopflos in allen Gegenden herum. Sie planten und teilten die Ressourcen ein und befruchteten sie wenn möglich. «Nomaden» ist ein negativer Begriff, denn Schweizer Bergbauern, die auf die Alp hoch- und wieder ins Tal hinunterziehen, werden auch nicht Nomaden genannt.

3. Selbst die Urmenschen haben höchstens fünf Stunden pro Tag für die Nahrungsbeschaffung aufbringen müssen, weil sie geplant, sich erkundigt, einander begünstigt und kultiviert haben.

4. Deshalb haben wir verschiedene agrarische Ursprungsorte; es ging nicht alles von einem einzigen Ort aus und verbreitete sich über die Erde. Auf den Höhen Äthiopiens begannen Menschen in Isolation eine entfernte Verwandte der Hirse, den Tef, zu entwickeln und züchteten aus der Bananenstaude nicht die Frucht, sondern ein Gemüse, die Ensete.

5. Einiges wurde an verschiedenen Orten aus der (fast) gleichen Wildpflanze (Wildling) unabhängig voneinander gezüchtet. So gibt es heute unbestritten sowohl einen asiatischen als auch einen afrikanischen Reis. Es mag auch sein, dass Hirse mehrere Male an verschiedenen Orten (Äthiopien, Mali und Indien) neu gezüchtet wurde. Ähnliches gilt für Maniok.

Hinter dieser unendlich reichhaltigen Agrargeschichte stehen folgerichtig viele und verschiedene afrikanische Esskulturen: Die einen verschwanden und kehrten anders wieder, andere haben sich angepasst und überlagert, wieder weitere fuhren dauernd fort, sich dem schwierigen Klima und steinigen oder salzigen Böden anzupassen.

Doch scheint die afrikanische Agrargenialität in den letzten 200 Jahren erschlafft zu sein. Oder leben wir wohl in einer Übergangszeit, in der Fremdes hinzugeholt wird, um später verändert der Welt zurückgegeben zu werden? Kochen ist eine Kunst des Mischens und des Austauschs. Wer etwas aus Afrika isst, isst sich ein wenig in Afrikas Kultur hinein.

Jeder sechste Mensch ist unterernährt oder hungert.

Der Faire Handel sichert den Produzentengruppen die Selbstversorgung.

Er kam von weit her und fand Geschwister

Maniok

Wie beim Menschen, so ist es auch bei der Maniokwurzel: Im Namen steckt bereits etwas vom Wesen und bildet einen Kern der Geschichte. Maniok ist ein indianisches Wort, abgeleitet von «Manihot». Die Pflanze liebt feuchte Tropen und ein ziemlich warmes Klima.

Maniok steht deshalb im Kontrast zur Kartoffel, auch einer Knollenfrucht, welche die Abhänge der Anden benutzte und schützte. Die Maniok-Pflanze sieht wie ein Strauch aus, wird bis zu vier Meter hoch und hält länger als nur ein Jahr. Die Blätter sind spiralig und tiefgelappt. Die Knolle enthält das bitter schmeckende Glucosid Linamarin, also versteckte Blausäure, die in der Rinde stärker ist als im Mark. Es gibt süße und bittere Manioksorten. Keine Familie pflanzte bloß eine einzige Sorte; Botaniker haben bis zu 200 Sorten festgestellt. Monokulturen entstanden erst mit der kolonialen Produktion von Viehfutter für den «Westen». Wer von den Menschen möchte schon dem Vieh gleichgestellt werden? Damit begann eine lange Krise für Maniok als Grundnahrungsmittel.

Als Maniok von den Sklavenhändlern nach Westafrika eingeführt wurde, war es für diese Frucht der Armen wie ein Heimkommen. Westafrika war sozusagen der Urgrund der Knollenfrüchte: von Jams, bestimmten Sorten von Süßkartoffeln und Batate, sogar von zurückgebliebenen Arten von Maniok. Als also Maniok nach Afrika kam, gab es eine Belebung; man ist stets stolz über Rückkehrer. Viel Symbolik ist daher ganz tief vorhanden: Maniok war schon zuvor einmal hier; er kam gewandelt zurück nach Afrika und belebt nun die Esskultur. Eigenartig wäre es schon, wenn Menschen in Westafrika eine lateinamerikanische Knolle einfach so einführen würden, es sei denn, sie wäre schon vorher da gewesen und hätte einen verlorenen Bruder des bereits in feuchten Flussgebieten (wie etwa dem Kongo) existierenden Manioks aufgenommen. Vielleicht ist er zum Hoffnungszeichen der Sklaven geworden, weil man sie glauben machte, dass es einmal auch für sie eine Rückkehr,

ein «homecoming», geben würde. Wenn in Westafrika von roots gesprochen wird, denken viele zuerst an die langlebige Wurzelfrucht. Warum sonst hätte Westafrika, nachdem es bereits der Kontinent der Knollenfrüchte war, eine weitere und gar fremde einführen sollen?

Maniok steht also für manches, ist wahrlich vieldeutig, auch für ein Hin und Her zwischen Kontinenten und Welten. Neben all den starken Zeichen gibt es den Schatten, da Maniok die Nahrung der Armen war. Diese Knollen sind die Perlen des kleinen Menschen, weil sie im Boden über Jahre hin frisch bleiben und so eine Reserve für später bilden. Dazu kommt, dass Maniok ertragreicher ist als alle anderen Knollenfrüchte. Deshalb griffen die Kolonisten diesen Strauch auch auf, um mit seinen Knollen billiges Viehfutter, das meist unter dem Namen Tapioka läuft, zu erzeugen.

Dabei könnte Maniok wie die Kartoffel ein Grundnahrungsmittel für Westafrika sein. Die Wurzel enthält einen Milchsaft und ist reich an Stärke. Die Frauen mahlen oder stampfen einzelne Stücke zu Mehl. Das Maniokmehl ist vielseitig zu gebrauchen, vom Stopfen der Bäuche bis zum Backen von Kuchen.

Es gibt nur wenige Gerichte aus Afrika, die weit herum bekannt sind; eins davon ist Gari. Dieses tägliche Brot Westafrikas geht entweder aus Jams oder eben aus Maniok hervor. Wie die Kartoffeln einst bei uns im Westen, könnten Maniok und Jams Grundnahrungsmittel für einen halben Kontinent werden. Doch wird Afrika nur zu ihnen stehen, wenn sie auch in unsere Küchen und Restaurants Einzug halten, denn Menschen wollen nur etwas zur Nahrung haben, was auch andere schätzen.

Die genügsame Bohne
Nièbè

Europäer sind nicht unbedingt große Freunde von Bohnen. Warum aber sind Bohnen in der Sahelzone und in Westafrika so beliebt? Sie kommen eben nicht allein und bedrohlich daher; sie sind in herrlichen Saucen oder einem mirakulösen Mus versteckt.

Die Bohne enthält vielleicht Geheimnisse. Sie ist rund und könnte so etwas wie eine verkleinerte Welt sein; sie ist weiß, und der Traum, das Schwarzsein abstreifen zu können, schlummert in vielen schwarzafrikanischen Menschen; sie ist assoziiert mit Mus, der Urzubereitung von Speise, fast so etwas wie dem Uterus, aus dem nach und nach die übrigen Essensformen geboren wurden. Dazu trägt auch bei, dass bei dieser Hülsenfrucht nur die Bohne essbar ist und die Hausfrau deshalb als Hebamme wirkt, um die Bohne wie ein Kind bei der Geburt heil hervorzuholen.

Der botanische Name von Nièbè ist Vigna unguiculata. Diese westafrikanische Hülsenfrucht ist sehr genügsam und dazu noch nützlich, denn ihr Grün beschattet oder bedeckt den Boden, und ihre Symbiose mit Rhizobien bildet Stickstoff und befruchtet so den äußerst kargen Boden. Genügsam und zufrieden kommt sie einem vor. Sie verlangt nicht viel Pflege; sie wächst leicht; die Erbsen sind in der Hülse eingeschlossen und geschützt. Sie sind daher fast ein Wahrzeichen des Überlebens in Gegenden, die uns Außenstehenden als hoffnungslos vorkommen.

Botaniker loben diese Leguminose, im Englischen Cowpea genannt, in allen Tönen. Sie sehen in ihr die afrikanischste aller Züchtungen und nehmen an, dass sie der Ausgangspunkt des Züchtens überhaupt war. Interessant ist auch ihre Mobilität, die unter anderem darauf zurückzuführen ist, dass eine ähnliche Art in Äthiopien gezüchtet wurde. Diese Cowpea wurde so rasch und stark verbreitet, dass sie bis nach Indien kam. Heute weiß man, dass diese Bohne Afrikas Geschenk an den Osten war. In Indien wurde sie natürlich weiterentwickelt; solches ist möglich, weil diese Bohne leicht zu züchten und

zu kreuzen, dauernd also weiter anpassbar ist. Die Wissenschaft kennt mindestens 170 Sorten, 120 allein in Westafrika, 8 in Äthiopien. Die Cowpea wurde selbst nach Amerika mitgenommen. Die «Kuherbse» – im frankophonen Afrika Nièbè genannt – gehörte lange vor dem Weizen zum landwirtschaftlichen Zuchterfolg einfacher Bauern in Halbwüsten Afrikas. Die Bohne kommt vor dem Weizen; das Mus geht dem Brot voraus.

Afrikas Sklaven hatten Sehnsucht nach ihr, und so begann bald ein erster Export der Händler nach dem Westen. Bald entdeckten auch die Südstaatler ihren Nutzen als Nahrung für Sklaven und Vieh (vgl. Name Cow-pea). So ist die Cowpea oder Nièbè in die amerikanische Geschichte eingegangen, und die Bohnen sind sogar zu einem US-Gericht geworden.

Indien und Amerika kamen über Afrika zu ihren Bohnen; über diesen Umweg wurde die weiße Bohne ein Teil des britischen Speisezettels. Die Franzosen jedoch fanden den Zugang zu ihr nie; sie sahen die Geschichte dahinter nicht, bloß die Kargheit; und so hat die Nièbè bis heute keinen französischen Namen.

Etwas vom Wesen Afrikas

Fonio

Eigentlich dürfte das Fonio-Getreide nicht isoliert behandelt werden, denn allein serbelt es und stirbt rasch ab. Fonio ist das Kleinod am Rand der Wüste, des Sahel. Fonio ist klein und bescheiden.

Fonio ist nach dem Mais in Mexiko das älteste Getreide, welches die Menschen züchten. Dass sie solches in der Halbwüste Afrikas taten, den zwei Flüssen Senegal und Niger entlang, ist für heutige Menschen wohl unbegreiflich. Fonio ist eng mit der Décru-Bewässerungstechnik verbunden. Wenn es regnete, wurde das Wasser in den von Hand gemachten kleinen Auffangbecken zurückgehalten. Im obersten Becken wurde gesät und man ließ die Pflanzen wachsen, bis diese Ebene ausgetrocknet war; dann verpflanzte man die Schösslinge nach weiter unten und benutzte die nächste Wasserstauung. So ging es weiter, und meistens reichte es bis zum Zeitpunkt, wo die Pflanze ohne Wasser ausreifen konnte. Die zwar mühsame, aber geniale Technik nennt sich Décru. So vermochte Fonio bei nur 180 mm Niederschlag zu gedeihen. Vielleicht können nur ältere Oberwalliser Frauen dieses Geheimnis verstehen, wenn sie an die Bewässerungsanlagen etwa an den Südhängen des Aletschhorns, an die Suonen, die aufgehängten Wasserleitungen, denken.

Die Beleidigung und Verachtung beginnt bereits bei der botanischen Namengebung. Beim Bauernvolk in Westafrika als Hungerhirse oder Fonio bekannt, heißt die Pflanze wissenschaftlich Digitaria exilis (Stapf), und das ist eine Herabwürdigung der Bauern, denn da kommt im 19. Jahrhundert ein deutscher Reisender und Wissenschafter und maßt sich an, dieser Pflanze seinen Namen beizufügen. Selbst Wissenschaft gebärdete sich kolonialistisch. Es ist genau wie heute, wenn einige denken, man müsse durch Patente fremdes Gut schützen. Da Fonio so klein ist, haben sich Wissenschaft und Wirtschaft bislang wenig mit dem Getreide befasst, denn es eignet sich nicht für den internationalen Handel – es sei denn, es werde «vergrößert».

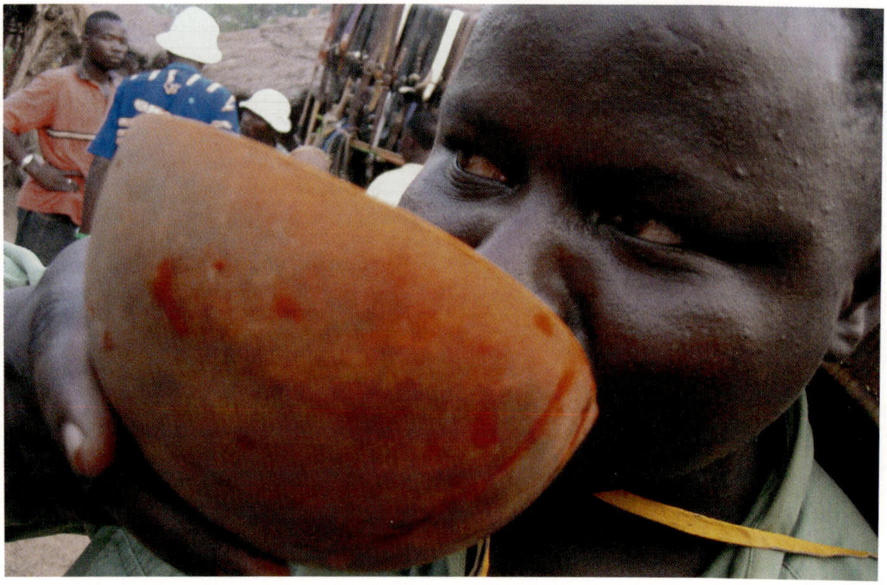

Fonio wurde im Zusammenhang des Anwachsens der Sahara-Wüste, die bis vor etwa zehn- bis zwölftausend Jahren fruchtbar war, aus einer Wildpflanze (Grundlage aller Hirsearten) gezüchtet. Die Menschen suchten nach einer dürreresistenten Frucht. Züchter waren wie in allen Kulturen der Welt Schamanen und/oder Mönche, Heilige und Asketen, die über Generationen versuchten, bestimmte Gräser nutzbar zu machen. In der Sahelzone kennen wir diese Männer und Frauen nicht, doch das gibt der Wissenschaft kein Recht, Fonio als exilis (Flüchtling) oder gar mit Stapf zu kennzeichnen.

Fonio wurde bis in die Neuzeit hinein nie allein ausgesät; es diente der Vorsorge, es war eine kleine Versicherung. Mit Fonio wurden gleichzeitig zwei andere Hirsearten gezüchtet und ausprobiert, nämlich Pennisetum oder Perlhirse und Sorgho oder Rispenhirse.

Diese drei gehören eng zusammen und wurden im Knie des Nigerflusses und bei St-Louis am Senegal ab dem 8. Jahrtausend vor unserer Zeitrechnung gezüchtet. Diese drei zentralen Sorten haben ihre Heimat in der Sahelzone. Von hier breiteten sie sich über den ganzen Kontinent aus.

Die Bauern säten alle drei Sorten gleichzeitig und gemischt aus. Bei wenig Niederschlag, dann überlebte wenigstens Fonio. Gab es mehr Regen, dann kamen entweder die Perlhirse oder gar die Rispenhirse zur Geltung. Bei mehr Regen starb Fonio ab, wurde zum Bodenschutz und später zu Mulch.

Trotz der Winzigkeit wurde Fonio nie verachtet, denn aus ihm wurde das beste Bier gebraut. Vielleicht überlebte es gerade deshalb bis heute, denn das beste Bier – sagen die Leute in Uganda, Tanzania oder Simbabwe – stammt von Fonio (oder von Rupoko in Simbabwe).

Stolz und farbig steht er da

Sorgho

Sorgho ist die Hirse mit den großen Binsen; er steht stolz und erhobenen Hauptes im sanften Wind gegen Abend und leuchtet zusammen mit der Sonne in ihrem Untergang rot, weiß und ab und zu sogar schwarz. Er bleibt unvergesslich in Erinnerung und gehört zum ansonsten kargen Schmuck der Sahelzone.

Sein botanischer Name ist Sorghum bicolor, um seine Farbenpracht kommt also niemand herum. Doch besonders ist nicht nur das Äußere; das Innere ist süßlich und schmeckt ausgezeichnet, das Richtige auch für einen geschmackvollen Kuchen.

Ist Fonio einer dienenden Magd ähnlich, dann Sorgho der stolzen Frau; er erinnert sofort an die hoch gewachsenen Senegal- und Malifrauen. Dieser Stolz zeugt kaum von Eitelkeit, sondern eher von Selbstsicherheit. Der Sorgho mahnt die Menschen, den Kopf hoch zu halten.

Um bei der Symbolik zu bleiben: Bedeutet im Allgemeinen die schwarze Farbe eher ein Gezeichnetsein, Schwarz etwas Negatives, so signalisieren schwarze Sorghokörner Glück; sie sind etwas Besonderes wie einst im Abendland schwarze Madonnen. Weiße Körner sollte man nicht allein essen, etwas Farbe sollte beigegeben werden, denn Weiß allein bedeutet in diesem Kontext Schwäche und Nacktheit.

In den verschiedenen afrikanischen Mythologien im Sahel, der westafrikanischen Küste entlang und sogar in Angola, Sambia und Westsimbabwe gehört die Hirse zum Kern der Kosmologie. In den verschiedenen Hirsearten, besonders aber im farbigen Sorgho, atmet und lebt die Schöpfung weiter. Der kamerunische Theologe Jean-Marc Ela, heute in Kanada im Exil lebend, setzt die Hirse dem abendländischen Weizen gleich: Die Hirsearten geben Zeugnis von der Vielfalt Gottes, von der Geborgenheit der Ahnen und der Zufriedenheit von Mensch und Tier.

Die Hirse kommt nämlich auch den Haustieren, vielen Vögeln und sogar Insekten zugute. Kinder mussten einst – und viele müssen noch immer, weil

sie nicht zur Schule gehen – diese Vögel abwehren. Hirsestroh wird sowohl zu Viehfutter als auch zur Matratze. Hirse ist für alle da. Gott ist Hirse; der Kleinste auf Erden ist Hirse. Hirse ist Fruchtbarkeit; Hirse bedeutet Leben. Hirse ist genügsam und der Trockensavanne beinahe intim angepasst; sie kennt ihren Boden und stellt keine hohen Ansprüche.

Wegen dieser Hirse-Kosmologie und -Symbolik hatten viele Christen und Muslime Schwierigkeiten mit ihr. Missionare und Kolonisten verdrängten sie und versuchten auf Gedeih und Verderb, Weizen anzupflanzen oder zu importieren. Erst nach der Unabhängigkeit kamen die Hirsearten zurück. 1984 propagierte die simbabwische Regierung den erneuten Anbau von Mhunga (Kolbenhirse), Rupoko (Rispenhirse) und Mapfundo (Sorgho). Ein Gleiches tat Tansania unter Julius Nyerere und seiner Ujamaa-Politik.

Kurz und gut, etwas von Afrikas Kern ist in all den Hirsearten und vor allem im Sorgho enthalten. Mit Sorgho isst Afrika sich zurück in sein eigentliches Sein. Nicht umsonst heißt es noch immer: Der Mensch ist, was er isst, und umgekehrt, was man isst, das wird man. Im Sorgho ist derart viel enthalten von oben und unten, von außen und innen, von Gott und Mensch, so dass Sorgho allen etwas gibt.

Was soll ich sein und wem dienen?

Perlhirse

Zwischen Fonio und Sorgho steht die Dritte im Bund – die Perlhirse, von manchen nach ihrer lateinischen Bezeichnung Pennisetum genannt. Wie alle anderen Hirsearten entstammt sie der Poaceae-Grasfamilie, einer Unterfamilie der Gramineen.

Die Perlhirse ist heute trikontinental; sie wächst und wird außer auf dem afrikanischen Kontinent auch in Indien und in den USA genutzt. Wahrscheinlich haben Sklaven diese Hirseart mitgenommen, aber das ist wenig Grund, sie nun wissenschaftlich Pennisetum americanum (L.) zu nennen. Bis vor kurzem wurde für Indien eine unabhängige Zuchtlinie angenommen; nach neueren genetischen Analysen enthält aber auch das indische Bajra Gene des afrikanischen Wildlings; der Weg nach Indien verlief nicht über Ägypten, sondern über den Saba-Weg über Somalia nach Saudiarabien hinein und weiter nach Indien. Die Sahelsorten reifen innerhalb von 60 Tagen und kommen mit 250 mm Niederschlag durch. Unter günstigen Bedingungen brachte Pennisetum zwischen 3 und 5 Tonnen Korn pro Hektar ein. Erst im Zusammenhang mit der großen Sahel-Hungersnot in den siebziger Jahren wurde mit Weiterzüchtungen begonnen. Ein großes Experimentier- und Zuchtfeld befand sich in Cinzana, Mali. Die Ciba-Geigy-Stiftung (später Novartis) finanzierte das unter der Leitung von CIMMYT (Centro internacional de mejoramiento de maíz y trigo) stehende Projekt. Das CIMMYT Mexiko wurde bekannt, weil es mit Weizen die Grüne Revolution zustande brachte. Die Perlhirse erwies sich ganz besonders geeignet für Zucht und Fortschritt. Innerhalb von 30 Jahren wurde sie erneuert und belebt; sie gehört heute zum Stolz Westafrikas. Sie ist außerordentlich salz- und dürreresistent, anpassungsfähig und zäh.

Die Perlhirse war einst ein Symbol der afrikanischen Sklaven, die in die Neue Welt transportiert wurden und dieses Korn in ihren kleinen Gärten in der Karibik und im Süden der USA anpflanzten. Pennisetum war ein Symbol-

träger afrikanischer Identität; es erinnerte die verschleppten Menschen an ihren Boden, und mehr als das: die Perlhirse war ihnen ein Vorbild im Durchhalten, im Anpassen und im Tough-Sein. Um so unverständlicher der Zusatz «americanum», von objektiven Wissenschaftlern verliehen.

Vielleicht dachten sie an die Größe. Pennisetum geht von allen Hirsesorten am höchsten hinaus – bis zu 3 Meter. Es gibt auch die größten Körner ab. Warum denn auch die Bezeichnung «Petit Mil»? Das Korn enthält viele Proteine – mehr als Reis, Mais oder Kassawa.

Die Perlhirse wird in den USA als Viehfutter benutzt und es wird gesagt, die Hirse habe nur als Tierfutter eine Chance. «Hirse selbst in der vollen Breite – hat bloß lokale Bedeutung; für einen Markt mit Zukunft ist sie bedeutungslos.» So schreiben Deyoe und Robinson 1979 im Sammelband Tropical Foods.

Für eine Tradition afrikanischen Essens sind alle Hirsearten ideal, weil sie sich leicht mit anderen Gerichten kombinieren lassen und Gewürzsaucen als Begleitung geradezu wünschen. Perlhirse kann mit Fleisch oder Erdnussbutter, Fisch oder Gemüse kombiniert werden. Vieles vom künftigen Essen wird auf Pennisetum basieren; die Perlhirse ist ein Zeichen der Zukunft.

Fußball oder Dessert?

Mango

Wer durch die Sahelzone reist, ist schockiert. Erstens ist nirgends ein Fruchtsaft erhältlich, sondern überall nur Fanta und Coca Cola, und zweitens stehen zwar überall Mangobäume, aber die am Boden liegenden Früchte werden von den Kindern zum Spielen benutzt. Wie kommt das?

In allen Geschichtsbüchern der Landwirtschaft steht, dass die Menschen zu Beginn jagten und sammelten. Also dürfte man daraus schließen, dass die Menschen Afrikas, die wahrscheinlich zu den ersten Menschen gehörten, nicht nur Beeren pflückten, sondern auch Früchte von Bäumen herunterholten. Es müsste doch eine lange Tradition geben. Doch wir finden keine Beweise, und auch die Archäologie liefert sie uns nicht. Für Analytiker gab es auf dem afrikanischen Kontinent zwei Überraschungen: Sie konnten weder die Jagd noch das Sammeln von Beeren und Früchten nachweisen. Knochen wie auch Kerne, Schalen oder Fleisch – die DNA-Spuren sind so minimal, dass sie kaum auf eine «Kultur» hinweisen können.

Früchte sind bis vor kurzem in den meisten Gegenden Afrikas nur von Müttern und Kindern benutzt worden. Und so war die Mango der Fußball des Sahels, bis sie vermoderte und wohl zum Mist-Ersatz wurde.

Als der Islam in die Sahelgegend vordrang, wurde die Skepsis gegenüber den Früchten noch größer. Für die Moslems hatten Datteln Vorrang, alles andere war mit Dingen verbunden, denen der Islam nicht wohlgesinnt war. Die Mango war besonders verdächtig, weil sie als indisch-buddhistisch gilt.

Die europäischen Kolonialisten taten ein Übriges, denn auch sie aßen kaum einheimische Früchte. Sie waren es von Haus aus ebenfalls nicht gewohnt.

In den letzten Jahrzehnten begann ein Wandel; das europäische Interesse trug dazu bei. Afrikanische Menschen sahen, dass sie etwas Kostbares besaßen und dass es die Europäer danach gelüstete. Die einheimischen Menschen lernen nun aus Mangos Konfitüre und Säfte zubereiten. Sie machen Dörrfrüchte daraus. Langsam entsteht Lust auf das Eigene.

Die Schweizer Forscherin Erika Styger hat sowohl in Ruanda als auch auf Madagaskar um die 100 neue Früchte registriert – vielleicht nicht alle zum Sofortessen; manche könnten auch weiterentwickelt werden. Allein schon auf dem «Früchtemarkt» dürfte dieser Kontinent zu einem Eldorado werden. Was es braucht, sind Geburtshelfer.

Das alles sind Geheimnisse hinter dem Essen und Trinken. Wir im Westen haben längst vergessen, dass hinter jedem Getreide und jeder Frucht Symbole und Geschichte(n) stehen und dass diese unterschwellig nachwirken.

Noch etwas Wichtiges. Kinder lieben weltweit das Fußballspiel, und so kann man den armen Kindern nicht einfach die Mango wegnehmen. Auch da braucht es also einen Ersatz.

Jeder fünfte Mensch lebt in absoluter Armut.

Mit dem Fairen Handel kann eine Familie wieder von ihrer Ernte leben.

Von Acras bis Tempuramehl

Produkte-Abc

Acras

Entspricht unseren Beignets, also den Krapfen: in Frittieröl ausgebackene Lebensmittel, mit oder ohne Teighülle.

Ananas

Eine der beliebtesten und verbreitetsten Tropenfrüchte. Die Scheinfrucht gedeiht rund um den Äquator in mehr als 100 verschiedenen Sorten.
Die Ananas ist eine Enyzm- und Vitaminbombe par excellence. Die Fruchtsäuren verstärken nicht nur das erfrischende Aroma, sie sind auch Darm-

reiniger und Arterienfeger. Für die Zubereitung die Ananas hochkant in eine weite Schüssel stellen, damit der Saft aufgefangen werden kann. Zuerst den Stielansatz und den Blattschopf entfernen, dann die Schale mit einem Messer möglichst dünn von oben nach unten abschneiden. Die braunen «Augen» ausstechen, die Frucht in Scheiben schneiden, den harten Strunk aussstechen oder kreisförmig herausschneiden.

Banane, Koch-

Die Banane stammt aus dem tropischen und subtropischen Raum. Sie gedeiht u. a. in Somalia, an der Elfenbeinküste und in Kamerun. Wird auch Mehl-, Gemüse- und Pferdebanane genannt. Ist in vielen Produktionsländern wichtiges Grundnahrungsmittel, vergleichbar mit Getreide und Kartoffeln. Schwacher, mehliger Geschmack. Eignet sich nicht für den Frischverzehr. Kann wie Kartoffeln zubereitet, also gekocht, gebacken, geröstet, frittiert, getrocknet, zu Mehl und Chips verarbeitet werden. In Ostafrika werden Kochbananen sogar zur Bierherstellung verwendet.

Coco-Bohne

Flache, dicke Stangenbohne.

Couscous

Grieß oder Mehl aus Hirse oder Hartweizen wird mit Wasser zu Kügelchen gerollt und anschließend getrocknet. Das Grundnahrungsmittel wird im Norden aus Hartweizen, im Süden aus Hirse hergestellt.

Erdnuss

Wächst in Westafrika. Die Erdnuss ist keine Nuss, sondern der Kern einer Hülsenfrucht. Da die Früchte während der Reifezeit kein Licht vertragen, neigen sich die Fruchtknoten nach der Blüte zur Erde und bohren die an den Spitzen hängenden Hülsen 5 bis 10 cm tief in den Boden hinein. Je nach Art des Bodens, sandig oder humusreich, nehmen die länglichen, geriffelten Schoten, die 2 bis 4 Kerne enthalten, eine hellgelbe bis ockerbraune Farbe an. Erdnüsse sind ein hochwertiges, nahrhaftes Lebensmittel. Sie sind in der Schale ungeröstet oder ausgelöst geröstet und gesalzen im Handel.

Fii

Grünes Blattgemüse, das hauptsächlich in tropischen Regionen gedeiht. Fii ist gleichbedeutend mit Grün. Als Ersatz können Spinat und auch Schnittmangold verwendet werden.

Firi

Frittierter Fisch oder Sauce zu frittiertem Fisch.

claro **Fonio**

Hirseart. Feinkörniges Getreide, wird unter anderem für Porridge und Couscous verwendet.

Fufu

Dicker Brei aus Getreide, Kochbananen, Knollen, Wurzeln oder Früchten.

claro **Gari**

Feiner Grieß, aus Maniokwurzeln oder Jams gewonnen.

Ghee

Geklärte, oft gewürzte Butter. In Marokko heißt sie «sem», im Senegal «diwou nior».

Goldhirse

Geschältes, d. h. von der harten Schale befreites Hirsekorn, das von goldgelber Farbe ist.

Harissa

Nordafrikanische Gewürzpaste, bestehend aus Chilischoten, Koriandersamen, Kreuzkümmel, Knoblauchzehen, Tomatenpüree und Olivenöl.

Hornpeperoni/-paprikaschoten

Können von grüner, grüngelblicher, gelber bis roter Farbe sein. Haben die Form eines Rinderhorns. Die Schoten werden oft bis 30 cm lang. Milder Geschmack, relativ saftig und bei Vollreife aromatisch und süß.

claro Ingwer

Stammt ursprünglich aus Zentralasien, wird heute auch in Afrika angebaut. Als Gewürz werden die 10 cm langen und 2 cm breiten Wurzelstöcke verwendet, die noch vor dem Austreiben der Blütensprossen geerntet werden. Erfrischender, zitronenartiger Geruch. Scharfer, etwas beißender Geschmack.

Injera

Fladenbrot aus Sauerteig.

Jam

Weißfleischige Wurzel. Kann als afrikanische Kartoffel bezeichnet werden. Im Senegal wird sie «Nyami» genannt.

Kichererbse

Hülsenfrucht aus dem tropischen und subtropischen Raum; wird in Äthopien und Nordafrika angebaut. Alte Kulturpflanze. Etwas mehliger und leicht nussiger Geschmack. Die getrockneten Erbsen müssen über Nacht in Wasser eingelegt werden.

Kokosnuss

Steinfrucht der Kokospalme, welche an tropischen Küsten wächst. Um die Flüssigkeit zu gewinnen, muss die Schale mit einem Nagel oder einem Korkenzieher durchbohrt werden. Die Schale kann mühelos aufgebrochen werden, wenn man die ganze Nuss für etwa 15 Minuten in den Tiefkühler legt. Dann die Nuss auf ein Blech legen und in den auf 250 °C vorgeheizten Backofen schieben. Sobald die Schale Risse hat, die Kokosnuss herausnehmen, abkühlen lassen und aufbrechen. Fruchtfleisch herauslösen, auf Röstiraffel/Gemüsehobel raspeln.

Mageu

Fermentiertes Maisgetränk, das mit Hibiskussaft und Limettenlimonade angesetzt wird.

claro Mango

Wird in tropischen und subtropischen Gebieten angebaut. Neben Ananas und Banane wichtigste Tropenfrucht. Vitamin-A-reichste Frucht überhaupt, zudem reich an Vitamin C. Verdauungsfördernd, leicht abführend und blutbildend. Baby- und Heilnahrung. Schale mit Messer oder Sparschäler abziehen. Das Fruchtfleisch in Scheiben vom Kern schneiden.

Maniok

Das aus der milchsaft- und stärkereichen Wurzel gewonnene Mehl kann wie Weizenmehl verwendet werden.

Nièbè

Afrikanische Hülsenfrucht, bei der nur die Samen gegessen werden.

Nokas

Gewürzmischung. Entweder im Mörser zerstoßen oder im Cutter püriert. Ist Grundlage vieler Saucen und Gerichte.

Okra

Bei uns sind nur grüne Schoten erhältlich. In den Tropen werden gelbe bis dunkelgrüne Sorten angebaut. Okras sind so lang wie ein Finger – sie werden auch Ladyfinger genannt – und haben eine zylindrische Form und ein spitzes Ende. Die in der Schote enthaltende Flüssigkeit gibt Gerichten die typische schleimige Bindung.

Perlhirse

Grüne Hirse. Eine der vielen Hirsearten Afrikas.

Ras el Hanout

Marokkanische Gewürzmischung, die nach Süden immer schärfer wird. Besteht aus bis zu 30 Gewürzen.

Roti

Fladenbrot

Sorgho

Rote Hirseart. In Form von Mehl wird Sorgho zum Backen von Kuchen und Brot und für Puddings verwendet. Aus der Hirse wird auch ein Bier gebraut.

Süßkartoffel

Wird auch Batate genant. Sie gedeiht vor allem in den Tropen und in den Subtropen. Das Windengewächs ist mit der Kartoffel nicht verwandt, wird aber in der Küche dennoch ähnlich eingesetzt. Die Form ist rundlich, länglich oder spindelförmig. Es werden vor allem rot- und braunschalige Sorten mit weißem Fleisch angebaut. Süßkartoffeln sind reich an Kalzium, Phosphor und Magnesium.

Tapioka

Bindemittel

Tef

Eine entfernte Verwandte der Hirse. Ursprünglich in Äthiopien gezüchtet.

Tempuramehl

Asiatische Mehlmischung. Nimmt wenig Fett auf und ergibt eine knusprige Kruste.

Ananas

Blattgemüse

Chilischoten

Couscous

Erdnüsse

Gari

Goldhirse

Hornpeperoni/-paprikaschote

Ingwer

Jam

Kichererbsen

Kochbananen

Kokosnuss

Kürbiskerne

Mango

Maniok

Maniokmehl

Nièbè

Okra

Piri-Piri (gemahlene, getrocknete scharfe Chilischoten)

Ras el Hanout

Süßkartoffeln

Jeder vierte Mensch stirbt vor seinem sechzigsten Geburtstag.

Der Faire Handel unterstützt die Einrichtung einer lokalen Gesundheitsversorgung.

Frittierte Nièbès-Beignets mit Karottenpüree

250 g Nièbès
1 Briefchen phosphatfreies Backpulver
1 TL Chilipulver
½ TL zerstoßener Kreuzkümmel
1 zerdrückte Knoblauchzehe
2 EL Limonenöl
ca. 1 dl/100 ml Salzwasser
Erdnussöl zum Backen

Karottenpüree
250 g Karotten
1 EL frisch gepresster Zitronensaft
½ TL Kreuzkümmel
1 TL Harissa, Seite 60
1 EL Orangenöl
½ TL Fleur de Sel
frisch gemahlener schwarzer Pfeffer

In Westafrika heißen die Beignets «Acras», was so viel wie «hast du Hunger» bedeutet. Die Beignets werden auch gerne zwischendurch gegessen.

1
Die Bohnen über Nacht in kaltem Wasser unter Zugabe des Backpulvers einweichen, Hülsenfrüchte in ein Sieb abgießen. Die dünne Haut entfernen. Nièbès, Chilipulver, Kreuzkümmel, Knoblauch und Limonenöl pürieren, das Salzwasser nach und nach zugeben, bis die Masse von zähflüssiger Konsistenz ist.

2
Die Karotten schälen und klein schneiden, im Dampf weich garen. Mit den restlichen Zutaten pürieren.

3
Das Erdnussöl auf 180 °C erhitzen. Von der Bohnenmasse baumnuss/walnussgroße Kugeln formen und diese im heißen Öl goldgelb backen. Auf Küchenpapier abtropfen.

4
Bohnenkugeln mit dem Karottenpüree servieren.

Variante
Nièbès durch kleine weiße Bohnen ersetzen.

Chilitöpfchen
1 EL Olivenöl extra nativ
20 kleine Schalotten
je eine rote, gelbe und grüne Chilischote
$^{1}/_{2}$ EL Tomatenpüree
1 TL Honig
$^{1}/_{2}$ dl/50 ml kräftige Gemüsebrühe
1 Dose Pelati, Stielansatz entfernt, gehackt

Garibällchen
2 dl/200 ml Gemüsebrühe
2 EL Lauchwürfelchen (Brunoise)
1 entkernte rote Chilischote, klein gewürfelt (Brunoise)
1 kleine Zwiebel, fein gehackt
1 Prise Piri Piri (scharfe Chilischote)
Kräutermeersalz
50 g Gari
Olivenöl zum Braten

In der Ramadan-Zeit nehmen die Menschen während 28 Tagen keine Nahrung zu sich. Da sich das islamische Jahr nach dem Mond richtet, fällt der Ramadan immer wieder in eine andere Jahreszeit.

1
Für die Töpfchen Chilischoten aufschneiden und entkernen, in Streifchen schneiden. In einer Sauteuse das Öl erhitzen, Schalotten bei mittlerer Hitze unter ständigem Rühren leicht Farbe annehmen lassen, Chilischoten kurz mitbraten. Tomatenpüree und Honig unterrühren und kurz weiterdünsten, Pelati und Gemüsebrühe unterrühren, aufkochen, bei mittlerer Hitze zugedeckt 20 Minuten schmoren.

2
Für die Garibällchen Gemüsebrühe, Lauch, Chili, Zwiebeln und Gewürze aufkochen, Gari einrühren, auf der ausgeschalteten Wärmequelle zugedeckt 10 Minuten quellen lassen. Aus der Masse Bällchen formen. In der Bratpfanne im Öl bei mittlerer Hitze goldgelb braten.

Variante
Für die Garibällchen anstelle von Gemüse eingeweichte getrocknete Mangos oder Ananas nehmen und als süße Zwischenmahlzeit genießen.

Chilitöpfchen mit Schalotten und Garibällchen

Fonio mit Zwiebelrelish und frittiertem Lauch

Fonio, auch «Hungerreis» genannt, war in manchen Regionen Westafrikas den königlichen Familien und den Ortsvorstehern vorbehalten. Auch als Brautpreis genoss Fonio hohes Ansehen.

Fonio
2 dl/200 ml Gemüsebrühe
1 Karotte, klein gewürfelt (Brunoise)
1 kleiner Lauch, klein gewürfelt (Brunoise)
100 g Fonio
1 EL Olivenöl

Zwiebelrelish
2 EL Olivenöl
3 Knoblauchzehen, in feinen Scheiben
3 große Zwiebeln, grob gehackt
1 TL Tomatenpüree
4 große Tomaten, geschält und gehackt
je 2 grüne und rote Chilischoten, geschält und gehackt
1 cm Ingwerwurzel, klein gewürfelt
1/2 EL Meersalz
1–2 Prisen Cayennepfeffer
1 TL Honig

Frittierter Lauch
1 kleiner Lauch
2 EL Tempuramehl
Erdnussöl zum Frittieren

1
Für das Zwiebelrelish Knoblauchscheiben im Öl hellbraun braten, Zwiebeln beigeben und glasig dünsten, Tomatenpüree unterrühren und kurz mitdünsten. Tomaten, Chilis, Ingwer und Meersalz beigeben, bei mittlerer Hitze zu einer dicken Sauce einkochen. Abrunden mit Cayennepfeffer und Honig.

2
Zum Frittieren den Lauch längs halbieren, in feine Streifen schneiden, waschen und trocken schleudern. Dann mit dem Tempuramehl gut mischen, im heißen Öl portionenweise frittieren. Mit einem Schaumlöffel herausnehmen und auf Küchenpapier abtropfen lassen, im Ofen warm stellen.

3
Für das Getreide die Gemüsebrühe aufkochen, Karotten, Lauch und Fonio zugeben, auf der ausgeschalteten Wärmequelle zugedeckt 10 Minuten quellen lassen. Das Getreide auf ein feuchtes Tuch geben und über Dampf zugedeckt 20 Minuten garen. Fonio in einer vorgewärmten Schüssel mit dem Olivenöl vermengen, in eine mit Butter eingefettete Savarinform füllen, andrücken.

4
Fonio-Ring auf eine Platte stürzen, mit dem Zwiebelrelish füllen und mit dem frittierten Lauch garnieren.

Tipp
Zwiebelrelish heiß in Gläser mit Schraubverschluss füllen, sofort verschließen. Ideal als Saucenveredler oder als kalte Sauce zu Braten.

Variante
Fonio durch Goldhirse ersetzen.

Gemüsetopf
1/2 dl/50 ml Gemüsebrühe
1 Zucchino, gewürfelt
2 kleine Fenchel, in kleinen Stücken
1 Süßkartoffel, gewürfelt
1 Kohlrabi, klein gewürfelt
1/2 Sproß Stangensellerie, in feinen Scheiben
2 getrocknete rote Chilischoten, zerkrümelt
1 TL geröstete, gequetschte Sesamsamen
1 EL Chiliöl
Meersalz
frisch gemahlener schwarzer Pfeffer

Rote Hirse
100 g Goldhirse
4 große Tomaten
1 TL Tomatenpüree
1 TL Meersalz
1 Bund gehackter Koriander
1 EL Olivenöl extra nativ

Hirse ist ein altes afrikanisches Heilmittel. In Form von Brei ist sie leicht verdaulich und eine stärkende Kost für Kranke.

1
Die Hirse in einem feinmaschigen Sieb unter fließendem Wasser waschen. Die Tomaten schälen und klein hacken, in einem Sieb mit sanftem Druck ausdrücken, den Saft auffangen. Tomatenflüssigkeit aufkochen, Hirse einrühren und auf der ausgeschalteten Wärmequelle zugedeckt 20 Minuten quellen lassen. Tomaten und Tomatenpüree zugeben, unter ständigem Rühren erwärmen, mit Salz, Koriander und Olivenöl abrunden.

2
Für den Gemüsetopf die Gemüsebrühe in einem weiten Kochtopf aufkochen, Gemüse, Chili und Sesamsamen zugeben, bei mittlerer Hitze zugedeckt weich schmoren. Mit Chiliöl, Salz und Pfeffer abschmecken.

3
Das geschmorte Gemüse auf der Hirse anrichten.

Variante
Die rote Hirse kann auch als Salat serviert werden. Ausgekühlt mit 2 Esslöffeln Fruchtessig und Fetawürfelchen mischen.

Gemüsetopf mit roter Hirse

Nièbès-Eintopf mit Okra

Während der Kolonialzeit waren Waage und Messgerät Mangelware. So behalf man sich zum Abmessen von Nahrungsmitteln zum Beispiel mit Blechdosen von Zigaretten. Auch Dosen von Tomatenmark und Kondensmilch wurden und werden immer noch für den gleichen Zweck verwendet.

100 g Nièbès
2 mittelgroße Zwiebeln, geschält und gehackt
½ Fenchel, klein geschnitten
1 Karotte, gerieben
4 Knoblauchzehen, zerdrückt
4 Tomaten, geschält und gehackt
1 TL Piri Piri (scharfe Chilischote)
½ TL zerdrückter Kreuzkümmel
1 Prise Macis
1 Lorbeerblatt
16 Okra, Stielansatz entfernt, im Salzwasser blanchiert

Fermentiertes Fladenbrot
250 g Vollkornmehl
50 g feines Maismehl
20 g Hefe
ca. 2½ dl/250 ml lauwarmes Wasser

1
Für das Fladenbrot die Hefe mit ½ dl/50 ml Wasser und 2 Esslöffeln Mehl anrühren, den Vorteig auf das doppelte Volumen aufgehen lassen. Vollkornmehl und Maismehl mischen, den Vorteig zugeben und mit etwa 1½ dl/150 ml Wasser zu einem Teig rühren. Am besten in eine Schüssel mit Deckel geben oder die Schüssel mit Klarsichtfolie verschließen, an einem warmen Ort über Nacht stehen lassen.

2
Nièbès über Nacht in kaltem Wasser einweichen, in ein Sieb abgießen und mit kaltem Wasser überbrausen. Nièbès in einem Topf mit der vierfachen Menge Wasser aufkochen, Schaum häufig abschöpfen. Nièbès bei mittlerer Hitze 60 Minuten garen, häufig kontrollieren, ob noch genug Flüssigkeit vorhanden ist. Topf von der Wärmequelle nehmen, Nièbès bis zur Verwendung darin belassen.

3
Alle Zutaten, außer Okras in einen Kochtopf geben, bei mittlerer Hitze weich garen, etwa 20 Minuten. Abgetropfte Nièbès zum Gemüse geben, bei mittlerer Hitze auf die gewünschte Dicke einkochen lassen. Okra untermischen.

4
Das Wasser, das sich auf dem Hefeteig gebildet hat, vor dem Backen abschöpfen. Noch ein wenig warmes Wasser und eine Prise Salz unterrühren. Der Hefeteig muss zähflüssig sein. Eine schwere Bratpfanne (Gusseisenpfanne) erhitzen. Eine Kelle Teig auf dem Pfannenboden verteilen, 2 Minuten zugedeckt backen. Wenden, kurz weiterbacken, noch warm servieren.

Hülsenfrüchte
Stets ohne Salz kochen, damit sie weich werden. Im Kochwasser auskühlen lassen, damit sie weich bleiben.

Variante
Nièbès durch kleine weiße Bohnen ersetzen.

Die Gari-Produzentinnen Vévédodo, Togo

Habt ihr in Europa den gleichen Mond?

«Vévédodo? Joo! Vévédodo? Joo!» Besucher werden in Adakonoukopé mit Wasser, Sprechchören und Gesang begrüßt. Die Mitglieder der Gruppe Vévédodo versammeln sich im Gemeinschaftszentrum – einem Pfahlbau mit Strohdach, in dem der Wind angenehm kühlt. Hühner laufen vorbei, Säuglinge werden gestillt ... Das Begrüßungsritual beginnt erst, wenn alle da sind.

In der kleinen Dorfgemeinschaft leben hauptsächlich Frauen und Kinder. Die polygamen Männer haben oft mehrere Familien in verschiedenen Dörfern. Frauen versorgen die Kinder, kochen, waschen, holen Trinkwasser, arbeiten auf den Feldern und verkaufen ihre Ware auf dem Markt. Die Verarbeitung des Manioks wird ebenfalls ausschließlich von Frauen erledigt. Ihre Männer helfen auf dem Feld aus, organisieren den Transport für den Markt, sägen Holz, brauen Palmschnaps und verwalten das Geld. Eine Realität, die die Frauengruppe Vévédodo verändern will. Gestärkt durch praxisorientierte Kurse und Ausbildungen des lokalen Hilfswerks MOPIB, beginnen die Frauen auf ihre Rechte zu pochen. So haben sie beispielsweise gelernt, dass sie dem Ehemann das Geld aus Kleinkrediten nicht überlassen dürfen, so lange er nicht jeden Tag bei der Familie lebt. Ansonsten verschwindet der Mann mit dem Geld ... den Frauen bleiben neben den Schuldzinsen nur noch einige hungrige Kinder.

Die Verarbeitung der Maniokwurzeln zu Gari erfolgt in Teilschritten. Frauen und Männer ziehen morgens gemeinsam mit Hacken und großen Schalen aufs Feld. Zuerst wird der zarte «Maniok-Baum» gefällt. Die Blätter werden zu Viehfutter, der schmale Stamm zu Feuerholz. Mit Hacke und Händen

Im weitläufigen Ackerbaugebiet des togoischen Südens lebt die Dorfgemeinschaft Vévédodo. Es sind dies hauptsächlich Frauen mit Kindern, die sich zusammengeschlossen haben, weil sie überleben wollen. Der Faire Handel stärkt das Selbstvertrauen der Frauen und erfüllt sie mit Stolz: Zum ersten Mal verlässt ihr Gari Afrika.

holen die Produzentinnen die kostbare Wurzel aus der roten Erde. Das ist nach einem kurzen Regen einfacher als bei trockenem, sandigem Boden. Ist die Schale voll, heben die Frauen die 40-kg-Last auf den Kopf und tragen sie zurück ins Dorf.

Nach der Ernte beginnt die traditionelle Frauenarbeit – die Gari-Produktion. Die Wurzeln werden geschält, gerieben und über Nacht in einem wasserdurchlässigen Sack gepresst. Am nächsten Tag reiben die Frauen die trockenen Fasern durch ein grobmaschiges Sieb. Das feine «Mehl» wird danach auf dem Feuer geröstet, bis es die typisch flockige Konsistenz des Gari erlangt.

Während der Verarbeitung bleibt den Frauen genügend Zeit, sich untereinander auszutauschen. Sie besprechen die Neuigkeiten, philosophieren über die Zukunft und nutzen die Gelegenheit, ihre Fragen zu klären. «Habt ihr in Europa den gleichen Mond und die gleichen Sterne?» und «Gibt es bei euch wirklich genügend Männer, wenn ein Mann nur eine Ehefrau haben darf?»

Okra-Gemüse mit Süßkartoffelpüree

In Nigeria wird jedes Jahr ein Erntedankfest gefeiert, das von den Dorfältesten vorbereitet wird.

Süßkartoffelpüree
400 g Süßkartoffeln
1 l Wasser
1 EL Meersalz
1/2 rote Chilischote
30 g Butter
1 Prise frisch geriebene Muskatnuss
frisch gemahlener Pfeffer

Gemüse
200 g Okra
2 EL Olivenöl extra nativ
1/2 EL Harissa, Seite 60
1 TL zerdrückte Koriandersamen
1/2 TL zerdrückte Fenchelsamen
2 mittelgroße Zwiebeln, in feinen Streifen
2 Knoblauchzehen, in feinen Scheiben
2 Tomaten, geschält, gewürfelt
1 gelbe Chilischote, gehackt
Meersalz

1
Die Süßkartoffeln schälen und klein schneiden. Das Wasser mit dem Salz und der Chilischote aufkochen. Süßkartoffeln beigeben und etwa 20 Minuten kochen. Abgießen. Süßkartoffeln mit einer Gabel zerdrücken, Butter unterrühren, würzen. Warm stellen.

2
Stielansatz der Okra wegschneiden, die Schoten im Salzwasser blanchieren, abkühlen lassen und in 1 cm dicke Scheiben schneiden. Olivenöl erwärmen, Harissa, Koriandersamen und Fenchelsamen zugeben und rösten, bis die Gewürze angenehm duften. Zwiebeln und Knoblauch zugeben, etwa 5 Minuten bei mittlerer Hitze dünsten. Tomaten und Chili unterrühren, zugedeckt 5 Minuten dünsten. Okra zugeben, mit Salz abrunden.

Tipp
Die Okra können auch kalt serviert werden.

Variante
Süßkartoffeln durch Jams ersetzen.

Sultaninenreis mit Harissa

Sultaninenreis

2 EL Olivenöl extra nativ
180 g Langkornreis
1 EL Kurkuma
1 Zimtstange
$^{1}/_{2}$ TL Meersalz
100 g Sultaninen
$2^{1}/_{2}$ dl/250 ml Wasser
1 EL Butter

Harissa

100 g getrocknete rote Chilischoten
2 EL Koriandersamen
2 EL Kreuzkümmel
5 zerdrückte Knoblauchzehen
2 EL Tomatenpüree
1 dl/100 ml Olivenöl extra nativ
1 TL Meersalz
1 TL Zucker

Rosen- und Orangenwasser werden in Nordafrika gerne zum Abrunden eines Gerichtes verwendet. Rosenwasser harmoniert mit Kardamom, Honig und sonnengereiften Früchten. Mit Orangenwasser können auch pikante Speisen veredelt werden.

1

Für das Harissa die Stiele der Chilischoten entfernen, die Schoten mit kochendem Wasser übergießen, 10 Minuten einweichen. Koriander und Kreuzkümmel in einer schweren Pfanne (Gusseisenpfanne) rösten, bis sie angenehm duften, dann im Mörser fein zerstoßen. Die Chilischoten abgießen. Alle Zutaten zu einer feinen Paste pürieren.

2

Den Reis 10 Minuten in kaltem Wasser einweichen, in einem Sieb mit kaltem Wasser überbrausen. Trocknen lassen.

3

Öl erhitzen, den Reis zugeben und unter ständigem Rühren glasig dünsten. Kurkuma, Zimt, Salz und Sultaninen zugeben, mit dem Wasser ablöschen, 2 Minuten sprudelnd kochen, dann auf der ausgeschalteten Wärmequelle etwa 20 Minuten quellen lassen. Kurz vor dem Servieren die Butter unterrühren, nochmals erwärmen.

Harissa

Kann gut für den Vorrat hergestellt werden. Paste in Glas mit Schraubverschluss füllen, glatt streichen, mit Olivenöl bedecken. Im Kühlschrank aufbewahren.

Samosas mit krautiger Füllung

Blattgemüse, Wildgemüse inklusive, ist in Afrika sehr beliebt. Je nach Region heißen sie Ateb, Eru, Fii, Njamanjama, Muchicha, um nur einige zu nennen. Sie werden gekocht, zerstampft und unter Ragouts oder Stews gemischt.

Teig
250 g Weißmehl
$^1/_2$ TL Meersalz
2 EL Chiliöl
6 cl Wasser

Füllung
1 EL Olivenöl extra nativ
100 g Morogo (Blattgemüse) oder Spinat
1 mittelgroße Zwiebel, gehackt
2 zerquetsche Knoblauchzehen
1 roter Peperoni/Paprikaschote, entkernt und klein gewürfelt
2 TL Ras el Hanout
1 TL Meersalz
2 EL Fonio
2 EL Gemüsebrühe

Frittieröl

1
In einer Teigschüssel das Mehl mit dem Salz mischen. Das Chiliöl mit dem Wasser verrühren, über das Mehl gießen, zu einem festen Teig kneten. Zugedeckt 30 Minuten ruhen lassen.

2
Morogo oder Spinat grob hacken, in einer heißen Pfanne zusammenfallen lassen, in einem Sieb ausdrücken. Das Öl erhitzen, Zwiebeln und Knoblauch andünsten. Peperoni, Ras el Hanout, Salz, Fonio und Gemüsebrühe beigeben, unter ständigem Rühren etwa 5 Minuten dünsten. Von der Wärmequelle nehmen und zugedeckt 10 Minuten stehen lassen. Die Masse sollte zum Schluss trocken sein. Das Blattgemüse unter die Füllung rühren. Eventuell nachwürzen.

3
Den Teig auf bemehlter Arbeitsfläche 1 cm dick ausrollen. Quadrate von 10 cm Seitenlänge schneiden. Die Füllung darauf verteilen. Ränder mit Wasser bestreichen. Die Quadrate zu Dreiecken falten, Ränder eindrehen.

4
Samosas im heißen Öl bei 180 °C goldgelb backen.

Variante
Samosas mit Hackfleisch füllen. Anstelle von Fonio kann auch Goldhirse vewendet werden.

Sorgho-Salat mit Ananas und Peperoni

100 g Sorgho
2 dl/200 ml Wasser
1 Lorbeerblatt
2 EL Olivenöl extra nativ
1 Süßkartoffel
je 1 rote, grüne und gelbe Peperoni/Paprikaschote, entkernt, klein gewürfelt
1 TL Kräutermeersalz
frisch gemahlener schwarzer Pfeffer
1 Prise Cayennepfeffer
2 EL Tomatensaft
1 mittelgroße rote Zwiebel
1 Baby-Ananas
3 EL Arganöl oder Haselnussöl
1 EL Fruchtessig

Das exklusive Arganöl stammt aus Marokko und wird aus den Früchten der Arganbäume gewonnen. Sein Geschmack erinnert an Sesamsamen und Haselnüsse.

1
Sorgho in einem Sieb mit kaltem Wasser überbrausen, dann in eine Schüssel geben und mit kaltem Wasser bedecken und über Nacht einweichen. Anderntags Sorgho in Sieb geben und erneut mit kaltem Wasser überbrausen. Wasser und Lorbeerblatt aufkochen, Sorgho zugeben, 40 Minuten bei schwacher Hitze weich kochen; im Schnellkochtopf 15 Minuten bei mittlerer Hitze. Zugedeckt zur Seite stellen.

2
Süßkartoffel schälen und in 2 mm dicke Scheiben schneiden, in einer Bratpfanne im Öl knusprig braten, beiseite stellen.

3
Die Peperoni in der Kartoffelpfanne bei mittlerer Hitze 5 Minuten braten, würzen, mit dem Tomatensaft ablöschen.

4
Die Zwiebel in feine Streifen schneiden.

5
Die Ananas oben und unten kappen, dann schälen, Augen ausstechen, die Frucht längs halbieren, den harten Teil entfernen, Fruchtfleisch würfeln.

6
Alle Zutaten vermengen.

Tipp
Der Salat passt wunderbar zu Grilladen.

Variante
Anstelle von Sorgho kann auch Goldhirse verwendet werden.

Couscous mit Kichererbsen-Gemüse

Die Afrikanerin sammelt gerne Kräuter, Wurzeln und Blätter. Die Sammlerin bittet den Strauch um Vergebung, bevor sie die Blätter abzupft, und dankt Mutter Erde für die Gaben.

Couscous
200 g Couscous
ca. $1\frac{1}{2}$ dl/150 ml kaltes Wasser
2 EL Olivenöl extra nativ
1 TL Meersalz

Kichererbsen-Gemüse
80 g Kichererbsen
2 EL Olivenöl extra nativ
4 zerdrückte Knoblauchzehen
1 TL zerdrückter Kreuzkümmel
4 getrocknete rote Chilischoten, zerkrümelt
1 mittelgroße Zwiebel, gehackt
1 rote Peperoni/Paprikaschote, entkernt, in Streifen
2 kleine Fenchel, in Streifen
2 mittelgroße Karotten, in 3 mm dicken Scheiben
4 Tomaten, geschält und püriert
8 Cocobohnen, in feinen Streifen
1 TL Meersalz

1 Rezeptmenge Harissa, Seite 60

1
Die Kichererbsen über Nacht in reichlich kaltem Wasser einweichen.

2
Couscous auf die Arbeitsfläche streuen, mit wenig kaltem Wasser bespritzen und dieses mit den Handflächen und den Fingerspitzen in das Getreide einmassieren, wieder mit Wasser bespritzen und einarbeiten, bis das Getreide keine Flüssigkeit mehr aufnehmen kann. Dieser Vorgang dauert etwa 8 Minuten. Das Öl nach und nach darüber träufeln und mit dem Meersalz in das Getreide reiben, damit es nicht zusammenklebt. Couscous in ein Tuch füllen und über Dampf 15 Minuten garen.

3
Eingeweichte Kichererbsen in ein Sieb abgießen, mit kaltem Wasser überbrausen, in einen Kochtopf geben und mit kaltem Wasser bedecken, erhitzen, bei mittlerer Temperatur 30 Minuten kochen, den Schaum ab und zu abschöpfen. Erbsen in ein Sieb abgießen, mit kaltem Wasser überbrausen, zugedeckt beiseite stellen.

4
Knoblauch, Kreuzkümmel und Chili im Olivenöl rösten, bis die Gewürze angenehm duften. Zwiebeln, Peperoni, Fenchel und Karotten kurz mitrösten. Pürierte Tomaten zugeben, bei mittlerer Hitze 15 Minuten schmoren. Kichererbsen und Bohnen zugeben, 10 Minuten köcheln lassen, mit Salz abschmecken.

5
Couscous in eine große Schüssel füllen, eine Vertiefung drücken, das Gemüse einfüllen. Harissa separat servieren.

Variante
Gegartes Couscous mit gehacktem Koriander oder Pfefferminze sowie Chilischoten anreichern, mit Olivenöl und Zitronensaft marinieren. Kalt servieren.

Jeder dritte Mensch ist nicht an eine Abwasser-entsorgung angeschlossen.

Mit der Fair-Trade-Prämie können sanitäre Anlagen errichtet werden.

Fischbällchen mit Firisauce

Sind Fische im Spiel, ist in Kürze ein Baby unterwegs. Wasser bedeutet Glück. Die Begegnung mit einem Pferd deutet auf eine bevorstehende Heirat hin. Unglück bringt der Traum von einem Huhn.

Fischbällchen

300 g frisches Kabeljau- oder Zanderfilet
1 Knoblauchzehe, fein gehackt
5 zerdrückte schwarze Pfefferkörner
½ rote Chilischote, entkernt und fein gehackt
1 Bund Schnittlauch, fein geschnitten
½ Bund Petersilie, fein gehackt
1 TL Kräutersalz
50 g altbackenes Toastbrot ohne Rinde
½ dl/50 ml Milch
1 Lattich
1 kleine Zwiebel, in feinen Streifen
1 rote Chilischote, in feinen Ringen
1 EL Olivenöl extra nativ
wenig Fruchtessig zum Beträufeln

Erdnussöl zum Braten

Firisauce

1 Knoblauchzehe, zerdrückt
1 kleine Zwiebel, fein gehackt
10 schwarze Pfefferkörner, zerdrückt
2 Fleischtomaten, geschält und gehackt
½ Bund Thymian, Blättchen abgestreift
1 Prise scharfes Chilipulver
2 EL Tomatenmark
4 Datteln, entsteint und klein geschnitten
1 TL Palmzucker
1 EL Meersalz

1

Für die Firisauce die Zutaten bis und mit Tomatenmark in eine Pfanne geben und aufkochen, bei schwacher Hitze etwa 30 Minuten köcheln lassen. Datteln, Palmzucker und Meersalz unterrühren.

2

Das Fischfilet in kleine Würfel schneiden, Knoblauch, Pfeffer, Chili und Kräuter untermischen. Im Kühlschrank zugedeckt 1 Stunde marinieren.

3

Den Lattich von den zähen äußeren Blättern befreien und das Herz zerpflücken. Mit Zwiebelstreifen und Chiliringen kühl stellen.

4

Das Toastbrot mit der Milch beträufeln, 5 Minuten einweichen.

5

Kräutersalz, eingeweichtes Brot und Fischwürfelchen im Cutter oder von Hand sehr fein hacken. Mit feuchten Händen 12 gleich große Bällchen formen, im heißen Erdnussöl braten.

6

Lattichblätter, Zwiebelstreifen und Chiliringe auf Tellern anrichten, mit dem Olivenöl und dem Essig beträufeln. Die Firisauce in der Mitte der Teller verteilen und die Fischbällchen darauf anrichten.

Tipp

Dieses Gericht kann zum Aperitif serviert werden. Für eine Mahlzeit die Bällchen größer formen und mit Hirse oder Fufu, Rezept Seite 100, servieren.

Fischhackbraten auf Erdnuss-Tomaten-Sauce

Die Afrikaner sind sehr gastfreundlich. Die Hausfrau kocht immer genug, damit auch spontaner Besuch jederzeit zu Tisch sitzen kann. Unangemeldete Gäste sollen Glück bringen.

Hackbraten

150 g Lachsfilet
150 g Zanderfilet
1 Bund gehackter Koriander
1 grüne Chilischote, entkernt und gehackt
1 Bund Schnittlauch, fein geschnitten
30 g Toastbrot ohne Rinde, klein geschnitten
1/2 dl/50 ml Vollrahm
1 TL Kräutermeersalz
frisch gemahlener schwarzer Pfeffer

Sauce

1 EL Olivenöl extra nativ
10 Erdnusskerne
2 Fleischtomaten, geschält und gehackt
1 rote Chilischote, entkernt und klein geschnitten
1/2 EL Gemüsebrüheextrakt
2 EL Olivenöl extra nativ
2 Knoblauchzehen, in feinen Scheiben
4 Okra, Stielansatz entfernt, in 1 cm großen Stücken, blanchiert
4 halbierte Mini-Auberginen
1 Hornpeperoni/-paprika, entkernt und gewürfelt
Kräutermeersalz

1

Die Fischfilets klein schneiden, restliche Zutaten untermischen, mit Pfeffer abschmecken. Im Kühlschrank eine Stunde durchkühlen.

2

Den Backofen auf 180 °C Ober- und Unterhitze vorheizen. Eine Gratinform einfetten.

3

Für die Sauce Erdnüsse im Olivenöl schwach rösten, Tomaten, Chili und Gemüsebrüheextrakt zugeben, bei schwacher Hitze 10 Minuten köcheln lassen. In einer separaten Pfanne den Knoblauch im Olivenöl hellbraun andünsten, blanchierte Okraschoten, Auberginen und Hornpeperoni zugeben, bei mittlerer Hitze unter ständigem Rühren al dente kochen, Tomatensauce unterrühren, mit Kräutersalz abschmecken, auf der ausgeschalteten Wärmequelle zugedeckt gar ziehen lassen.

4

Die Fischmasse mit einem großen Messer fein hacken und danach gut mischen. Mit feuchten Händen einen Laib formen. In die Gratinform legen. Den Fischhackbraten auf mittlerer Schiene in den Backofen schieben, bei 180 °C 20 Minuten backen. Den Braten im ausgeschalteten Backofen bei offener Türe 10 Minuten stehen lassen.

5

Den Hackbraten in Scheiben schneiden, mit dem Gemüse anrichten.

Tipp

Das Tomatengemüse passt auch zu anderen Fischgerichten und für eine vegetarische Mahlzeit zu Hirse und Reis.

In weiten Teilen Afrikas verzehren die Menschen auch Insekten, wie Grillen, Heuschrecken, weiße Ameisen, Zikaden, Raupen und Käfer. Auf Märkten werden sie meistens getrocknet angeboten.

Sesamöl für die Form
2 Schalotten, fein gehackt
2 Limetten, Saft
4½ dl/450 ml Kokosnussmilch
1 TL Krevettenpaste
1 Msp Fleur de Sel
1 Fleischtomate, geschält und gehackt
8 Cherrytomaten, halbiert
200 g Zanderfilet oder Loup de Mer mit Haut
200 g Filets von Knurrhahn oder Red Snapper
½ TL Fleur de Sel
50 g geschälte Ingwerwurzel, gehackt
je 1 grüne und rote Chilischote, entkernt und gehackt
1 Bund Koriander, fein gehackt

1
Den Backofen auf 150 °C vorheizen.

2
Eine Gratinform mit dem Sesamöl einpinseln und mit den Schalotten ausstreuen. Limettensaft, Kokosnussmilch, Krevettenpaste und Fleur de Sel verrühren, gehackte Tomaten zufügen, in die Gratinform geben. Halbierte Cherrytomaten an den Rand legen. Fischfilets beidseitig mit dem Fleur de Sel bestreuen, mit der Hautseite oben in die Kokosnussmilch legen. Fein geschnittenen Ingwer und Chilischoten darüber streuen.

3
Die Gratinform in der Mitte in den Ofen schieben, Fisch bei 150 °C 20 Minuten garen. Mit dem gehackten Koriander bestreuen. Mit Hirse oder Reis servieren.

Kokosnussmilch
500 g Kokosnussflocken mit einem Liter kochendem Wasser übergießen, 1 Stunde quellen lassen. Ein Sieb mit einem Tuch auslegen, die Flockenmasse hineingeben und auspressen, Kokosnussmilch auffangen.

Kokosnussfisch

Die Zutaten für eine afrikanische Mahlzeit kommen teils direkt vom Feld, teils werden sie auf dem Markt sorgfältig ausgesucht. Die Zubereitung ist stets sehr zeitaufwändig. Die Afrikanerin arbeitet mit einfachsten Küchengeräten wie Mörser, Stöpsel oder Mahlstein. Entsprechend viel Zeit braucht das Schälen, Entkernen, Reiben und Mahlen.

für 35 bis 40 Taschen

Teig
150 g Weißmehl
$^{1}/_{2}$ TL Weinsteinbackpulver
5 g Meersalz
80 g weiche Butter
1 Freilandei
4 EL Wasser

Öl zum Backen

Füllung
1 dl/100 ml Weißwein
2 Knoblauchzehen, zerdrückt
2 Schalotten, fein gehackt
1 grüne Chilischote, entkernt und fein gehackt
350 g gewässerter Stockfisch
1 Bund Koriander, fein gehackt
1 EL Limonenöl

Mangosauce
$^{1}/_{2}$ reife Mango oder einige getrocknete Mangoschnitze (15 Minuten in kaltem Wasser einweichen)
1 Limette, Saft
1 TL Ras el Hanout
1 Prise Cayennepfeffer

1
Für den Teig Mehl, Backpulver und Salz mischen. Die weiche Butter mit dem Mehl verreiben. Ei und Wasser verquirlen, mit dem Mehlgemisch zu einem glatten Teig verarbeiten. Den Teig in Klarsichtfolie einwickeln, mindestens 1 Stunde kühl stellen.

2
Für die Füllung Weißwein, Knoblauch, Schalotten und Chili aufkochen. Stockfisch in die Pfanne legen und zugedeckt bei schwacher Hitze 5 Minuten pochieren. Den Fisch aus dem Fond nehmen. Den Fond vollständig einkochen lassen. Den Fisch von Gräten und Haut befreien, die Weißweinreduktion zufügen, im Cutter nicht zu fein hacken. Den Koriander und das Limonenöl unterrühren. Zugedeckt auskühlen lassen.

3
Mango schälen und das Fruchtfleisch grob hacken, mit Limettensaft und Gewürzen pürieren.

4
Den Teig 1 mm dünn ausrollen. Rondellen von 8 cm Durchmesser ausstechen. Jede Rondelle mit einem nussgroßen Bällchen Fischfüllung belegen. Die Ränder mit Wasser bepinseln, Rondellen zusammenklappen und Ränder fest andrücken. Im heißen Öl knusprig backen.

Teigtaschen mit Mangosauce

Der große Flussbarsch wird in Westafrika «Capitaine» genannt. Seinen Namen verdankt er einem Erforscher des Oubangui, eines Flusses im Norden Kongos. Durch eine Krankheit sind seine Augäpfel wie Glupschaugen hervorgetreten; seitdem sieht er dem Flussbarsch ähnlich.

1 Meeräsche, ausgenommen und geschuppt, ca. 800 g
$1^1/_2$ TL Meersalz
1 EL Kurkuma
1 cm fein geriebene Ingwerwurzel
1 Limette, fein abgeriebene Schale und Saft
1 EL Olivenöl extra nativ
1 kleine Zwiebel, gehackt
1 kleiner Blumenkohl, in Röschen
4 kleine Auberginen, in Scheiben
4 Fleischtomaten, geschält und klein geschnitten
2 EL geröstete Erdnüsse
1 Zimtstange
$^1/_2$ dl/50 ml Fischfond oder Gemüsebrühe
1 kleine Cima di Rapa (Brokkolikohl)

Butter für die Form

1
Die Meeräsche in 4 Portionen teilen. Meersalz, Kurkuma, Ingwer und Limettenschalen mischen. Die Fischscheiben mit der Gewürzmischung einreiben.
2
Den Backofen auf 160 °C Unter- und Oberhitze vorheizen. Eine Gratinform mit Butter einfetten und die Fischstücke hineinlegen.
3
In einer Bratpfanne die Zwiebeln im Öl hellbraun rösten, Blumenkohl und Auberginen kurz mitrösten. Tomaten, Limettensaft, Erdnüsse, Zimtstange und Fischfond zugeben, aufkochen, das Ganze über den Fisch verteilen.
4
Die Gratinform in der Mitte in den Ofen schieben, bei 160 °C etwa 20 Minuten garen.
5
Die Cima di Rapa in mundgerechte Stücke schneiden, im Salzwasser blanchieren.
6
Die Fischstücke aus der Form nehmen, im ausgeschalteten Ofen warm stellen.
7
Das Gemüse in eine Pfanne umfüllen und bei mittlerer Hitze eindicken lassen. Cima di Rapa untermischen. In einer vorgewärmten Schüssel anrichten. Die Fischstücke darauf legen. Mit Fladenbrot oder Couscous servieren.
Tipp
Wer die bittere Cima di Rapa nicht mag, ersetzt sie durch Spinat.

Kurkumafisch auf Tomaten-Gemüse-Allerlei

Fische werden in Afrika meistens ganz zubereitet. Das Verarbeiten von Filets ist nicht üblich. Viele der Fische haben je nach Region ganz unterschiedliche Namen. Einen großen Stellenwert hat der Zackenbarsch, der in Westafrika «Thiof» genannt wird.

Makrele

4 mittelgroße Makrelen, ausgenommen, ca. 150 g
2 getrocknete rote Chilischoten
1 EL Fenchelsamen
1 EL Kreuzkümmel
1 Knoblauchzehe
Meersalz
2 Knoblauchzehen, leicht gequetscht
1 Thymianzweiglein
2 EL Olivenöl oder Palmöl

Gari

$1\,^{1}/_{2}$ dl/150 ml Gemüsebrühe
1 EL Olivenöl extra nativ
je $^{1}/_{2}$ grüne, gelbe und rote Chilischote, fein gehackt
80 g Gari

Geröstetes Maismehl

60 g Butter
30 g weißes Maismehl

1
Für das Gari die Gemüsebrühe mit dem Olivenöl aufkochen, Chilischoten zugeben, Gari unter Rühren einrieseln lassen, aufkochen. Auf der ausgeschalteten Wärmequelle zugedeckt 20 Minuten quellen lassen. Vor dem Servieren umrühren und erhitzen.

2
Im Backofen einen Bräter bei 200 °C aufheizen.

3
Fenchel- und Kreuzkümmel sowie Knoblauchzehe im Mörser zerstoßen. Makrelen mit der Gewürzmischung einreiben. Das Olivenöl im Bräter erhitzen, Makrelen, leicht gequetschte Knoblauchzehen und Thymian in den Bräter legen, Makrelen auf beiden Seiten 10 Minuten braten.

4
Die Butter und das Maismehl in einer Pfanne bei mittlerer Hitze unter ständigem Rühren nussbraun rösten.

5
Gari auf vorgewärmten Tellern anrichten, Makrelen darauf legen, mit dem Maismehl umgeben.

Variante
Gari durch Kochbananenpüree ersetzen.

Makrele auf Gari mit geröstetem Maismehl

1 mittelgroßer Polpo/
gemeiner Krake
3 EL Olivenöl extra nativ
10 Kreuzkümmel, zerquetscht
1 große Zwiebel, grob geschnitten
4 Knoblauchzehen
1 TL Ras el Hanout
2 große Chilischoten, entkernt
10 Cherrytomaten, geschält
2 Hornpeperoni/-paprika, entkernt

In der afrikanischen Küche wird zum Binden von Saucen und Suppen kaum Mehl oder Maisstärke verwendet, dafür gemahlene, pürierte Egusi, Erdnüsse, grüne Kochbananen, Sojabohnen und geriebene Cocoyam.

1
Die Arme des Polpo in etwa 5 cm große Stücke schneiden, in einen Kochtopf geben, mit Wasser bedecken, aufkochen und 15 Minuten bei schwacher Hitze kochen. In ein Sieb abgießen.

2
Den Backofen auf 180 °C vorheizen.

3
Das Olivenöl in einem Bräter erhitzen, Kreuzkümmel im Öl rösten, Zwiebeln, Knoblauch und Ras el Hanout zugeben und unter Rühren kurz mitrösten. Polpo, Chili, Tomaten und Peperoni zugeben, bei 180 °C 30 Minuten schmoren.

4
Polpo mit dem Gemüse in vorgewärmten tiefen Tellern anrichten. Mit Fladenbrot servieren.

Tipp
Polpo nie salzen, er hat genug Eigengeschmack.

Geschmorter Polpo

Fii mit Räucherfisch

Das Würzen mit getrocknetem, fermentiertem Fisch und Meeresfrüchten hat Tradition. Der intensive Fischgeruch «verliert» sich im Gericht und wird mit anderen Zutaten zur diskreten, geheimnisvollen Würze.

- 200 g Spinat
- 2 EL Erdnussöl
- 1 mittelgroße Zwiebel, gehackt
- 1 TL gemahlene getrocknete Krevetten/Garnelen
- 1 Prise Chilipulver
- 1 TL Meersalz
- 2 Limetten, Saft
- 1 Bund Koriander, gehackt
- frisch gemahlener schwarzer Pfeffer
- 2 Fleischtomaten, geschält, entkernt, grob gewürfelt
- 300 g geräucherte Fischfilets, Forelle oder Schillerlocke

1
Den Spinat waschen und in der Salatschleuder trocken schleudern.

2
Den Spinat in einer heißen Bratpfanne zusammenfallen lassen, in ein Sieb geben und ausdrücken, den Saft auffangen.

3
Die Fischfilets großzügig zerpflücken.

4
Das Öl in einer Pfanne erwärmen, Zwiebeln glasig dünsten. Krevetten, Chilipulver, Salz, Limettensaft, Koriander und Spinatsaft beigeben und einreduzieren, mit Pfeffer abschmecken.

5
Spinat, Gewürzreduktion, Tomaten und Fisch sorgfältig mischen. In der Schüssel servieren. Mit Couscous kombinieren.

Tipp
Der Salat kann auch mit pochiertem Seeteufel oder Lachs serviert werden.

Jeder zweite Mensch lebt von weniger als Fr. 2.50 pro Tag.

Der Faire Handel bezahlt den Familien kostendeckende Preise.

Hackfleischbraten mit Gemüse und Linsensauce

Fast jede Region hat ihr Getreide. In Äthiopien ist es Tef, eine anspruchslose Hirseart, die seit über 5000 Jahren kultiviert wird. Tef ist glutenfrei und wird vor allem zu Brot und Brei verarbeitet. Injera ist ein Fladenbrot aus Sauerteig.

Hackbraten
400 g Hackfleisch
100 g Gariflocken
100 g Gemüsewürfelchen
1 grüne Chilischote, gehackt
2 EL Quark
1 Freilandei
1 EL Ras el Hanout
1 EL Kräutermeersalz
4 getrocknete Mangoschnitze

Olivenöl zum Braten

Gemüse
2 EL Ghee
1/2 Maniok
1 Süßkartoffel
200 g grüne Bohnen
1/2 TL Kräutermeersalz
frisch gemahlener Pfeffer

Ghee für den Vorrat
200 g Butterwürfelchen
1 Schalotte, fein gehackt
1 Zitronenzeste
5 zerdrückte
schwarze Pfefferkörner
1 TL frisch geriebener Ingwer
1 TL Currypulver

Linsensauce
100 g rote Linsen
1 EL Olivenöl extra nativ
1 kleine Zwiebel, gehackt
2 Knoblauchzehen, zerdrückt
1/2 EL schwarze Pfefferkörner
1 cm geriebene Ingwerwurzel
1/2 cm geriebener Gelbwurz
oder
1/2 TL Kurkuma
1 grüne Chilischote, entkernt
1 EL grobkörniges Meersalz
2 dl/200 ml Gemüsebrühe
1 dl/100 ml Kokosnussmilch

1
Für die Ghee die Butter in einer Pfanne bei mittlerer Hitze (bei zu großer Hitze verbrennt die Molke) schmelzen, köcheln lassen, bis die Molke bindet und sich auf dem Pfannenboden gesetzt hat. Vorsichtig durch ein feines Sieb passieren. Geklärte Butter mit den restlichen Zutaten bei schwacher Hitze erwärmen, bei kleinster Hitze 5 Minuten ziehen lassen, die Wärmequelle ausschalten, Ghee zugedeckt auskühlen lassen.

2
Den Backofen auf 180 °C vorheizen.

3
Für den Hackbraten die Mangoschnitze in einer kleinen Pfanne mit Wasser bedecken und aufkochen, zugedeckt auskühlen lassen, Flüssigkeit abgießen, Mangos fein hacken. Sämtliche Zutaten in eine Schüssel geben und zu einem festen Teig verarbeiten. Einen Laib formen und diesen auf ein eingefettetes Kuchenblech legen. In der Mitte in den Ofen schieben, bei 180 °C 30 Minuten braten, häufig mit dem Bratöl bepinseln. Den Braten im ausgeschalteten Ofen bei geöffneter Türe 10 Minuten ruhen lassen.

4
Den Stielansatz der grünen Bohnen abschneiden, im Salzwasser blanchieren. Maniok und Süßkartoffel schälen und in Streifen schneiden, 10 Minuten in kaltem Wasser wässern, abgießen. Ghee in einer Pfanne erhitzen, Maniok, Süßkartoffeln und grüne Bohnen zugeben, erhitzen, zugedeckt bei mittlerer Hitze knackig dünsten. Mit Kräutersalz und Pfeffer würzen.

5
Rote Linsen in einem Sieb mit kaltem Wasser überbrausen. Zwiebeln, Knoblauch, Pfeffer, Ingwer, Gelbwurz, Chili und Meersalz im Mörser zu einer Paste zerstoßen. Olivenöl in einer Pfanne erhitzen, Gewürzpaste bei mittlerer Hitze rösten, bis sie angenehm duftet. Linsen und Gemüsebrühe zugeben, bei mittlerer Hitze weich garen. Eventuell braucht es noch zusätzliche Flüssigkeit. Vor dem Servieren die Kokosnussmilch unterrühren. Kann auch mit Injera serviert werden.

Foniokütchlein mit Ananas-Chili-Ratatouille

Maghreb umfasst Tunesien, Algerien, Marokko und teils Libyen. Hier sind die Wurzeln der Beduinenküche, die sich durch schmackhafte Tajines, Couscous, Gewürze und den zuckersüßen Pfefferminztee auszeichnet.

Hackfleisch-Fonio-Küchlein
1 dl/100 ml Gemüsebrühe
1 mittelgroße Zwiebel, fein gehackt
100 g Fonio
300 g gehacktes Lammfleisch
1 EL gemahlene Kreuzkümmel
1/2 TL geriebene getrocknete Chilischote
1/2 EL Meersalz

Olivenöl zum Braten

Füllung
80 g geriebener Gruyère
1 EL Magerquark
1 Eigelb von einem Freilandei
1 Prise Muskatnuss
1 Prise Kräutermeersalz
frisch gemahlener schwarzer Pfeffer

Ananas-Chili-Ratatouille
1 Baby-Ananas
1 EL Zucker
1/2 dl/50 ml Gemüsebrühe
2 rote Chilischoten, entkernt und gehackt
2 EL fein geschnittener Lauch
1/2 Limette, Zesten
1 TL geriebene Ingwerwurzel

Frittierte Zwiebeln
2 Zwiebeln
1 TL Chilipulver
1 EL Gari

1
Ananas schälen und in kleine Würfel schneiden. Zucker hellbraun karamellisieren, mit der Gemüsebrühe ablöschen, Karamell auflösen, Ananas und restliche Zutaten zufügen, bei mittlerer Hitze kochen, bis das Ganze bindet.

2
Alle Zutaten für die Füllung mischen, würzen.

3
Für die Küchlein Gemüsebrühe mit den Zwiebeln aufkochen, Fonio einrühren, auf der ausgeschalteten Wärmequelle zugedeckt 15 Minuten quellen lassen. Fonio und Hackfleisch mischen, würzen. Die Fonio-Fleischmasse in 8 Portionen teilen. Jede Portion auf der Hand flach drücken und mit 2 TL Füllung belegen, oval einrollen. In einer Bratpfanne im Olivenöl bei mittlerer Hitze braten.

4
Die Zwiebeln in feine Ringe schneiden, mit Chilipulver und Gari mischen, im heißen Erdnussöl bei etwa 180 °C knusprig backen.

Variante
Aus der Hackfleischmasse (ohne Füllung) kleine Bällchen formen, im Olivenöl braten. Ananas-Chili-Ratatouille als Dipp servieren. Fonio durch Goldhirse austauschen.

Tipp
Mit Fladenbrot servieren.

Die Familie isst aus einer großen Schüssel, ohne das Familienoberhaupt, das sich meistens mit dem ältesten Sohn zum Essen in einem separaten Raum zurückzieht.

Hirse
2 dl/200 ml Gemüsebrühe
1 Lorbeerblatt
200 g Perlhirse
2 EL Quark
1 TL Kreuzkümmel
1/2 TL weiße Pfefferkörner
3 Pimentkörner

Kaninchenagout
2 EL Olivenöl extra nativ
1 mittelgroße Zwiebel, gehackt
50 g Gemüsewürfelchen, z. B. Karotten, Knollensellerie
50 g fein geschnittener Lauch
2 Kaninchenschenkel, ausgelöst und klein gewürfelt
2 EL gehackte Pelati
1 TL Harissa, Seite 60
frisch gemahlener schwarzer Pfeffer
1 TL Meersalz

Béchamelsauce
1 EL Butter
1 Schalotte, fein gehackt
1/2 EL Weißmehl
1 dl/100 ml Milch
1 dl/100 ml Rahm/Sahne
frisch gemahlener schwarzer Pfeffer
1 Bund glattblättrige Petersilie, gehackt

50 g geriebener Parmesan

weiche Butter für die Form

1
In einem Bräter mit Deckel das Öl erwärmen, Zwiebeln, Gemüsewürfelchen und Lauch andünsten, Kaninchenfleisch, Tomaten und Gewürze unterrühren, im Ofen zugedeckt 40 Minuten bei 150 °C schmoren. Flüssigkeitsstand von Zeit zu Zeit kontrollieren und bei Bedarf ein wenig Wasser zugeben. Am Schluss sollte die Schmorflüssigkeit vom Ragout aufgesogen sein. Bräter beiseite stellen.

2
Perlhirse 10 Minuten in kaltem Wasser einweichen, in ein Sieb abgießen, ausgiebig mit kaltem Wasser überbrausen. Kreuzkümmel, Pfeffer und Piment im Mörser zerstoßen oder in der Gewürzmühle mahlen. Gemüsebrühe und Lorbeerblatt aufkochen, Hirse einrühren, bei starker Hitze 5 Minuten kochen, auf der ausgeschalteten Wärmequelle zugedeckt 20 Minuten ausquellen lassen. Lorbeerblatt entfernen. Die Hälfte der Hirse im Mörser zerquetschen, restliche Hirse, Quark und Gewürze unterrühren.

3
Für die Béchamelsauce die Schalotten in der aufschäumenden Butter glasig dünsten, Mehl darüber stäuben. Milch unterrühren, erhitzen. Die Hälfte des Rahms unterrühren, erhitzen. Würzen. Restlichen Rahm steif schlagen, vor dem Servieren mit der Petersilie unterrühren.

4
Den Backofen auf 180 °C vorheizen. 8 Chromstahlringe von 5 cm Durchmesser und ein Kuchenblech mit Butter einfetten, die Ringe auf das Kuchenblech legen. Hirse 15 mm hoch einfüllen und gut andrücken. Die Hälfte des Kaninchenragouts darauf verteilen, gut andrücken. Mit Hirse und Kaninchenragout fortfahren, mit der Béchamelsauce überziehen und dem Parmesan bestreuen. Blech in der Mitte in den Ofen schieben, Gratins bei 180 °C 20 Minuten backen.

5
Die Hirserondellen mit einem Küchenmesser vorsichtig lösen und den Chromstahlring entfernen. Die Rondellen mit einem Spatel auf Teller legen, mit der restlichen Béchamelsauce zeichnen.

Gratin von Perlhirse und Kaninchenragout

3 dl/300 ml Gemüsebrühe
100 g Sorgho
2 kleine Schweinshaxen
2 EL Olivenöl extra nativ
1 Mistkratzerli/Stubenküken
200 g Rindfleisch zum Schmoren, klein gewürfelt
1 EL Tomatenpüree
2 mittelgroße Zwiebeln, gehackt
4 Fleischtomaten, geschält und gehackt
1 TL zerstoßene schwarze Pfefferkörner
1 grüne Chilischote, entkernt
2 Karotten, geschält und gewürfelt
100 g gekochte Nièbès

Nicht alle Lebensmittel sind für alle bestimmt. Wer was bekommt, hängt zum Beispiel von Geschlecht, Hierarchie, Religion und Tradition ab.

1
Sorgho 20 Minuten im kalten Wasser einweichen, in ein Sieb abgießen, ausgiebig mit kaltem Wasser überbrausen. Gemüsebrühe aufkochen, Sorgho und Schweinshaxen zugeben und bei mittlerer Hitze 40 Minuten kochen.
2
Den Backofen auf 150 °C vorheizen.
3
Mistkratzerli in 8 Teile portionieren. Olivenöl in einer weiten, hohen Bratpfanne erhitzen, Geflügel und Rindfleisch portionenweise anbraten. Bratgut in die Pfanne zurückgeben, Sorgho und restliche Zutaten untermischen.
4
Den Eintopf im vorgeheizten Ofen bei 150 °C 30 Minuten schmoren. Das Gericht sollte saftig, die Flüssigkeit aber von der Hirse aufgesogen sein.
Variante
Sorgho durch Goldhirse ersetzen. Diese getrennt kochen und erst vor dem Servieren untermischen. Nièbès durch kleine weiße Bohnen ersetzen.

Festlicher bunter Eintopf mit Sorgho und Fleisch

Die Produzentengruppe Rhincami, Kadjo-Woro

Das Leben im roten Sand

Die Bauerngruppe Rhincami wurde 1983 im Zentrum Togos von sieben jungen Landwirten gegründet. Um der drohenden Arbeitslosigkeit zu entgehen, waren sie losgezogen und ließen sich irgendwann auf einem Feld in der Nähe eines Flusses nieder. Aus der geduldeten Ausreißergruppe wurde mit den Jahren eine erfolgreiche Farmergemeinschaft. Das Dorf erhielt den Namen Kadjo-Woro.

Land gibt es genug, auch heute noch. Dennoch nimmt die Arbeitslosigkeit stetig zu. Die Produzenten können ihre Ernten häufig nicht zu ihrem wahren Wert verkaufen, weil die Konsumenten kein Geld haben. Zudem schwanken die Preise auf dem Markt erheblich. Es beginnt eine unheilsame Abwanderung in größere Städte oder Nachbarländer. Der Präsident von Rhincami, Valentin Konsana, präzisiert: «Die Arbeitslosigkeit ist hoch. Sie betrifft vor allem junge Menschen. Viele Junge, die keine Schulbildung haben, suchen ihr Glück in den Nachbarländern wie Nigeria und Burkina Faso. Sie arbeiten dort als Hilfskräfte und kommen dann mit etwas Geld zurück, um ihre Familie zu unterstützen. Doch ihre Arbeitskraft fehlt uns auf dem Feld – beim Anbau, bei der Ernte und bei der Weiterverarbeitung. Die Bauern müssen externe Hilfskräfte anstellen und verdienen nicht mehr genug. Sie sehen sich gezwungen, nach Alternativen zu suchen. Indem sie Bäume zu Holzkohle verarbeiten, können sie ihr Einkommen etwas verbessern. Doch damit ist wiederum eine Verschärfung der ökologischen Situation verbunden.»

Das gesetzlich festgelegte Mindesteinkommen liegt bei 13 500 CFA pro Monat, was 20 Schweizer Franken entspricht. Doch dieser Betrag reicht nicht einmal für eine Person aus. Ein Grund, weshalb nahezu alle Togolesen von

Eine schmale Straße schlängelt sich vom Süden in den Norden Togos. Sie ist der Lebensnerv des Landes: den Bauern ein Transportweg, den Verkäufern eine Kundengarantie und den Arbeitslosen eine Fluchthilfe in die nächstgelegene Stadt. Abseits der Straße Kornfelder im roten Sand und Dörfer mit Menschen in bunten Kleidern, die ihren Lebenswillen symbolisieren.

der Selbstversorgung leben. «Ein Bauer verdient etwa 18 000 CFA (27 Franken) bis 25 000 CFA (37 Franken) im Monat. Einen Teil seiner Ernte behält er für die Familie zurück. Selbst Beamte haben noch eigene Felder, um ein wenig besser leben zu können. Deshalb sage ich stets, dass die Togolesen vor allem anderen Bauern sind, egal welche Funktion sie in ihrem Leben sonst noch ausüben. Es gibt kaum jemanden in Togo, der kein Feld besitzt. Auch der Minister hat sein eigenes Feld», erklärt der Exportmanager Innocent Tsipoaka mit einem Lächeln im Gesicht. Er ist Ehemann dreier Frauen, Vater von acht Kindern und stolz auf seine Herkunft.

Die Produzentinnen und Produzenten von Rhincami wollen durch den Fairen Handel ihre Situation verbessern. Neben einer guten Trinkwasserversorgung wünschen sie sich vor allem Lehrkräfte für die Kinder, Ausbildungen für die Frauen und Transportmittel. Momentan wird noch jedes einzelne Korn über 24 Kilometer von Frauen auf dem Kopf zur Hauptstraße getragen.

In einem ländlichen afrikanischen Haushalt sind Mörser und Stößel in der Küche wichtige Hilfsmittel, werden doch die Gewürze stets frisch verarbeitet.

für 8 Wickel

1 großer Wirz/Wirsing
1 dl/100 ml Gemüsebrühe

Füllung
1 EL Olivenöl extra nativ
500 g gehacktes Lammfleisch
1 mittelgroße Zwiebel, fein gehackt
1 Karotte, geschält und geraspelt
1 TL Tomatenpüree
2 EL zerdrückte Kreuzkümmel
1 rote Chilischote, gehackt
1 TL Ras el Hanout
3 zerdrückte Pimentkörner
1 EL Meersalz

1
Lammfleisch in einer Bratpfanne im Olivenöl anbraten, restliche Zutaten zugeben, unter ständigem Rühren bei schwacher Hitze köcheln lassen, bis die Sauce bindet. Zugedeckt auskühlen lassen.

2
Beim Wirz die grobfaserigen Hüllblätter entfernen, den Strunk tief herausschneiden, die großen Blätter sorgfältig ablösen und die Blattrippen herausschneiden, im Salzwasser blanchieren. Ein Kuchenblech mit einem Küchentuch auslegen, blanchierte Kohlblätter darauflegen und abtropfen lassen. Das Wirzherz in Streifen schneiden, in der Gemüsebrühe kurz ziehen lassen.

3
Den Backofen auf 180 °C vorheizen.

4
Die blanchierten Wirzblätter mit Salz und Pfeffer würzen, die Füllung auf die Blätter verteilen, von zwei Seiten einschlagen, dann satt einrollen.

5
Eine Gratinform mit Butter einfetten. Die Gemüsebrühe mit den Wirzstreifen in die Form geben. Die Wirzwickel nebeneinander hineinlegen.

6
Die Form in der Mitte in den Ofen schieben, Wirzwickel bei 180 °C 50 Minuten garen, von Zeit zu Zeit mit der Garflüssigkeit bepinseln.

Variante
Für vegetarische Wickel Fleisch durch Fonio oder Goldhirse ersetzen. Mit einer Tomatensauce servieren.

Wirzwickel mit Lammfüllung

Lammvoressen mit Mango und Tomaten

2 EL Olivenöl extra nativ
400 g Lammvoressen
1 TL Kardamomsamen
1/2 Zimtstange
1 Macisblüte
1 TL schwarze Pfefferkörner
1 TL Meersalz
2 kleine Karotten, gewürfelt
je 1 gelbe, grüne und rote Chilischote, in Rauten/Quadraten
10 Saucenzwiebelchen
50 g getrocknete Mangos, gewürfelt
1 Sproß Stangensellerie, in Scheiben
12 Cherrytomaten, halbiert
2 EL Tomatenpüree
6 dl/600 ml Bratenjus

Fufu

150 g Sorghomehl
7 dl/700 ml Gemüsebrühe
1 Lorbeerblatt
1 EL Olivenöl extra nativ

In Kamerun werden bei der Geburt eines Kindes Kochbananen in viel Palmöl gekocht. Dem Neugeborenen wünscht man beim Verzehr ein gutes Leben.

1

Backofen auf 100 °C vorheizen.

2

Kardamom, Zimt, Macisblüte und Pfefferkörner im Mörser zerstoßen. Die Gewürzmischung mit dem Lammvoressen mischen, 1 Stunde marinieren.

3

Gemüsebrühe, Lorbeerblatt und Öl in einer Pfanne aufkochen, Sorghomehl einrühren, in eine Gratinform geben. Im Ofen bei 100 °C 1 Stunde garen. Vor dem Servieren aufrühren und nach Belieben mit Kräutersalz nachwürzen.

4

Lammvoressen im Olivenöl in einer weiten Bratpfanne mit Deckel anbraten, salzen. Karotten, Chili, Zwiebelchen, Mangos, Sellerie und Cherrytomaten zugeben und 5 Minuten mitdünsten, Tomatenpüree unterrühren, 2 Minuten weiterdünsten, Bratenjus unterrühren und bei schwacher Hitze zugedeckt 40 Minuten schmoren.

Variante

Zum Lammvoressen passen auch ein Süßkartoffelpüree oder Couscous.

Poulet an Mangosauce

1 Poulet oder Suppenhuhn
1 dl/100 ml Gemüsebrühe
2 dl/200 ml Kokosnussmilch
2 mittelgroße Zwiebeln, fein geschnitten
2 Fleischtomaten, geschält und gehackt
1 reife Mango, geschält, halbiert, entsteint, gewürfelt
20 g getrocknete Ananas, gewürfelt
1 grüne Chilischote, halbiert, entkernt
1 cm geriebene Ingwerwurzel
1 TL Meersalz
12 kleine Frühkartoffeln, halbiert

grüne Chiliringe für die Garnitur

Der Hühnermagen hat in der afrikanischen Küche eine wichtige Stellung. In Kamerun ist er für die Männer und die Ehrengäste reserviert. In Äthiopien wird er zwischen Mann und Frau aufgeteilt, als Zeichen der Liebe.

1
Das Poulet in 8 Teile portionieren/zerlegen.
2
Gemüsebrühe, Kokosnussmilch, Zwiebeln, Tomaten, Mangos, Ananas, Chili, Ingwer und Meersalz aufkochen. Geflügelteile hineinlegen, aufkochen, bei schwacher Hitze zugedeckt 30 Minuten kochen.
3
Den Backofen auf 60 °C vorheizen.
4
Das Poulet aus der Sauce nehmen, im Ofen zugedeckt warm stellen.
5
Die Sauce pürieren. Sauce und Kartoffeln aufkochen, köcheln lassen, bis die Kartoffeln weich sind und die Sauce bindet.
6
Die Pouletstücke häuten und das Fleisch im Püree erwärmen. Vor dem Servieren die Chiliringe darüber streuen.

Variante
Lamm- durch Kalbfleisch ersetzen.

Pouleteintopf mit Kokosnussmilch

2 EL Olivenöl extra nativ
320 g Pouletschenkel ohne Knochen
1 TL Meersalz
frisch gemahlener schwarzer Pfeffer
1 mittelgroße Zwiebel, gehackt
1 roter Peperoni/Paprikaschote, entstielt und entkernt, klein gewürfelt
1 Karotte, geschält, klein gewürfelt
$^1/_2$ mittelgroßer Lauch, in feinen Ringen
2 Fleischtomaten, geschält, fein gehackt
1 TL geriebene Ingwerwurzel
1 TL fettfreier Gemüsebrüheextrakt
$1^1/_2$ dl/150 ml Kokosnussmilch, Seite 124
120 g Langkornreis
60 g frische oder tiefgekühlte grüne Erbsen

Respekt vor dem Alter verlangt, dass der beste Teil der Mahlzeit jeweils für den Ältesten reserviert ist. Fleisch kommt nur in kleinen Mengen auf den Tisch und wird vom Ältesten verteilt.

1
Den Reis 10 Minuten in kaltem Wasser einweichen, dann in ein Sieb abgießen und mit kaltem Wasser überbrausen.

2
Das Pouletfleisch in Würfel schneiden, mit Salz und Pfeffer würzen. Die Pouletwürfel in einer hohen Bratpfanne im Olivenöl rundum anbraten. Zwiebeln, Peperoni, Karotten und Lauch unter ständigem Rühren 5 Minuten mitbraten. Tomaten, Ingwer, Gemüsebrühe-extrakt und die Hälfte der Kokosmilch zugeben, aufkochen. Den Reis unterrühren, zugedeckt bei schwacher Hitze etwa 20 Minuten köcheln lassen. Während dieser Zeit sollte immer wieder ein wenig Kokosnussmilch zugegeben werden. Kurz vor Schluss die Erbsen unterrühen.

Tipp
Der beste Langkornreis ist Basmatireis. Das Poulet kann auch ohne Reis gekocht und mit einer beliebigen Beilage serviert werden.

Klage nicht darüber, dass Gott den Tiger geschaffen hat, sondern danke ihm, dass er ihm keine Flügel gegeben hat.

Roti – gefülltes Fladenbrot

Fladenbrot
50 g Foniomehl
150 g Weißmehl
$^1/_2$ TL Meersalz
10 g Hefe
1 Prise Zucker
ca. 1 dl/100 ml lauwarmes Wasser
50 g weiche Butter

Lammfleischragout
2 EL Olivenöl extra nativ
200 g Lammfleisch vom Gigot
1 Rezeptmenge Gewürzmischung, Rezept unten
1 mittelgroße Zwiebel, gehackt
$^1/_2$ Zucchino, gewürfelt
1 grüne Chilischote, fein gehackt
2 zerdrückte Knoblauchzehen
4 EL Tomatensauce
Meersalz

Gewürzmischung
Je $^1/_2$ TL Koriander- und Kreuzkümmel
1 getrocknete rote Chilischote, entstielt
1 cm Zimtstange
1 TL geriebene Ingwerwurzel
1 unbehandelte Zitrone, abgeriebene Schale

1
Fonio- und Weißmehl mit dem Salz in einer Schüssel mischen, eine Vertiefung drücken. Hefe in die Vertiefung bröckeln, mit Zucker, ein wenig Wasser und Mehl vom Rand zu einem dickflüssigen Teig rühren, 15 Minuten gehen lassen. Restliches Wasser und weiche Butter zufügen und zu einem Teig kneten. Zugedeckt 1 Stunde gehen lassen.

2
Für die Gewürzmischung alle Zutaten im Mörser fein zerstoßen.

3
Das Fleisch in 1 cm große Würfel schneiden, mit der Gewürzmischung vermengen, 30 Minuten stehen lassen. Das Fleisch in einer Bratpfanne im Öl kräftig anbraten. Gemüse zugeben und unter ständigem Rühren 5 Minuten bei mittlerer Hitze braten. Tomatensauce unterrühren, aufkochen, auf der ausgeschalteten Wärmequelle zugedeckt 10 Minuten ziehen lassen.

4
Den Teig in vier gleich große Stücke teilen und dünne Fladen ausrollen. Eine schwere Bratpfanne erhitzen, die Fladen ohne Fett 1 bis 2 Minuten auf jeder Seite braten. Fladen mit dem Lammragout füllen und sofort servieren.

Variante
Lamm- durch Pouletfleisch ersetzen. Die Rotis können auch nur mit Gemüse gefüllt werden; einfach Gemüseanteil erhöhen. Gewürzmischung keinesfalls weglassen.

Beliebte afrikanische Getränke sind Hirsebier und Mageu. Oft werden sie zu Hause hergestellt. Weil Bier berauscht, dürfen es nur die Männer trinken. Mageu ist ein fermentiertes Maisgetränk, das mit Hibiskusblütensaft und Limettenlimonade angesetzt wird.

für eine Springform von 22 cm Durchmesser

Brötchen
125 g Weißmehl
125 g Gari
20 g Hefe
1 1/2 dl/150 ml lauwarmes Wasser
1 TL Zucker
1 Prise Salz

2 EL flüssige Butter zum Einfetten der Form und zum Bepinseln

Füllung
1 EL Öl
250 g gehacktes Rindfleisch
1 kleine Zwiebel, gehackt
2 Fleischtomaten, gehackt
2 EL Tomatenjus
2 getrocknete rote Chilischoten, zerdrückt
10 gemahlene Kardamomsamen
1 Prise Macis
frisch gemahlener schwarzer Pfeffer

Gemüsesalat
1 EL Olivenöl extra nativ
1 mittelgroße rote Zwiebel
2 Knoblauchzehen
1 Hornpeperoni/-paprikaschote
2 lange rote Chilischoten
2 mittelgroße Karotten
1 kleiner Blumenkohl

Vinaigrette
2 EL Fruchtessig
3 EL Baumnuss-/Walnussöl
1 TL Kräutermeersalz
frisch gemahlener schwarzer Pfeffer
1 cm fein geriebene Ingwerwurzel
1 Prise Zucker
1 reife, große Fleischtomate, geschält, klein gewürfelt

1
Für die Brötchen Weißmehl und Gari in einer Schüssel mischen, eine Vertiefung drücken. Hefe in die Vertiefung bröckeln, mit 4 Esslöffeln Wasser und wenig Mehl vom Rand verrühren, Zucker darüber streuen. Den Vorteig mindestens 15 Minuten gehen lassen. Restliches Wasser und Salz zugeben, während 20 Minuten zu einem festen Teig kneten. Zugedeckt 40 Minuten gehen lassen.

2
Für die Füllung das Rindfleisch in einer Bratpfanne im Öl anbraten, Zwiebeln beigeben und kurz mitbraten. Tomaten, Tomatenjus, zerdrückte Chilischoten und Gewürze zugeben, bei mittlerer Hitze kochen, bis das Fleisch trocken ist. Mit Pfeffer abschmecken.

3
Für den Gemüsesalat Zwiebel halbieren und in sehr feine Streifen schneiden. Knoblauchzehen in hauchdünne Scheiben schneiden. Zwiebeln und Knoblauch in einer Bratpfanne im Olivenöl hellbraun rösten. Beim Peperoni den Stielansatz entfernen, die Kerne mit einem langstieligen Löffel herausschaben. Chilis auf der Arbeitsfläche rollen, Kerne mit Hilfe eines Holzspießchens aus den Chili klopfen. Beide Gemüse in feine Ringe schneiden. Karotten in feine Scheiben schneiden, Blumenkohl in Röschen brechen. Alles Gemüse über Dampf knackig garen, lauwarm mit der Vinaigrette vermengen.

4
Den Teig in 20 Portionen teilen, Kugeln formen und diese flachdrücken. Einen Teelöffel der Fleischfüllung in die Mitte geben, die Rondellen verschließen, d. h. die Ränder gegen die Mitte leicht überlappend zusammendrücken. Mit der glatten Oberfläche oben in die eingebutterte Form legen, mit Butter bestreichen. Brötchen in der Mitte des vorgeheizten Ofens bei 180 °C 30 Minuten backen.

Varianten
Die Brötchen können beliebig gefüllt werden, z. B. mit gehackten Kürbiskernen, Pesto, Gemüse. Ideal für Partys.

Gefüllte Brötchen mit Gemüsesalat

Gefüllte Zucchini auf Sorgho-Vinaigrette

2 mittelgroße Zucchini
2 EL Ghee, Seite 88,
oder Bratbutter/Butterschmalz
150 g gehacktes Lammfleisch
1 mittelgroße Zwiebel, gehackt
1 zerdrückte Knoblauchzehe
1 TL Meersalz
1 Msp Chilipulver
50 g Gari
1 dl/100 ml Gemüsebrühe
1 Bund gehackter Koriander

50 g geriebener Pecorino

1 dl/100 ml Gemüsebrühe,
für die Form
1 Tomate, geschält und
grob gehackt, für die Form

Sorgho-Vinaigrette
50 g gekochte Sorgho
1 Bund Schnittlauch,
fein geschnitten
1 kleine Zwiebel, fein gehackt
1 EL Aceto Balsamico
2 EL Chiliöl
1/2 TL Zucker
Schmorflüssigkeit der Zucchini
Meersalz

In Westafrika wird Diwou noir verwendet, eine Art gereifte Bratbutter. Als Ersatz bietet sich Ghee an, eine geklärte Butter.

1
Die Zucchini beidseitig kappen, in etwa 2 cm dicke breite Scheiben schneiden und diese mit einem Pariserlöffel aushöhlen, nicht durchstechen. Das Ausgehöhlte hacken. Die Zucchinikörbchen im Salzwasser kurz blanchieren, dann auf Küchenpapier mit der Öffnung nach unten abtropfen lassen.

2
In einer Bratpfanne das Hackfleisch im Ghee anbraten, Zwiebeln, Knoblauch, gehacktes Zucchinifleisch und Gewürze beigeben und kurz mitdünsten, Gari unterrühren, mit der Gemüsebrühe ablöschen, bei mittlerer Hitze zugedeckt 5 Minuten garen. Auf der ausgeschalteten Wärmequelle zugedeckt 15 Minuten quellen lassen. Zum Schluss den gehackten Koriander unterrühren.

3
Den Backofen auf 200 °C vorheizen. Eine Gratinform mit Butter einfetten, Gemüsebrühe und Tomaten in die Form geben. Zucchinikörbchen großzügig mit dem Hackfleisch füllen, den Pecorino darüber streuen, in die Gratinform stellen. Im vorgeheizten Ofen bei 200 °C 20 Minuten backen. Gefüllte Zucchini auf ein Blech stellen und im Ofen bei 70 °C warm stellen.

4
Für die Vinaigrette Sorgho mit den übrigen Zutaten verrühren, mit Salz abschmecken. Auf vorgewärmten Tellern anrichten, Zucchinikörbchen daraufsetzen.

Variante
Die Füllung eignet sich auch für andere Gemüse, zum Beispiel für Peperoni, Kohlrabi und Zwiebeln, aber auch als Füllung für Samosas oder Fleischkuchen.

Limettenhuhn «Yassa»

In Äthiopien wird als Hochzeitsessen ein Poulardengericht serviert, das sich «Dorro Wot» nennt. Wichtig ist, dass die Poularde in 12 Teile geschnitten wird, was dem Brautpaar großes Glück bringen soll.

Nokos-Marinade
1 ganze Knoblauchzwiebel
5 getrocknete rote Chilischoten
1 EL schwarze Pfefferkörner
10 Koriandersamen
1 cm geriebene Ingwerwurzel

Poularde
1 Poularde, in 12 Stücke geteilt
1 Rezeptmenge Nokos-Marinade, siehe oben
4 Limetten, Saft
2 Lorbeerblätter
2 EL Fruchtessig
2 EL Olivenöl zum Braten
6 kleine Zwiebeln, geschält, fein geschnitten
100 g entkernte grüne Oliven
2 klein geschnittene Limetten
2 dl/200 ml Gemüsebrühe

Reis
200 g Jasminreis
2 dl/200 ml Wasser
1 EL Olivenöl extra nativ
1 TL Meersalz

1
Für die Marinade die einzelnen Zehen von der Knoblauchzwiebel abbrechen und diese schälen. Sämtliche Zutaten im Mörser zerstoßen.

2
Die Poulardenstücke in eine Schüssel legen und mit den Zutaten bis und mit Fruchtessig gut mischen. Über Nacht zugedeckt marinieren.

3
Den Backofen auf Grillstufe (240 °C) vorheizen.

4
Die Poulardenstücke aus der Marinade nehmen und mit einem Küchenpapier trocken tupfen. Geflügelteile mit Meersalz bestreuen. Ein Kuchenblech mit Olivenöl einfetten, die Poulardenstücke auf das Blech legen. Das Blech in der Mitte in den Ofen schieben, das Geflügel 15 Minuten grillen, immer wieder wenden.

5
Ein feines Sieb auf eine Schüssel legen, die Marinade hineingeben, die Knoblauchzehen ausdrücken.

6
In einem Bräter das Olivenöl erhitzen, fein geschnittene Zwiebeln zugeben und hellbraun rösten. Geflügel, Oliven und Limettenstückchen zugeben, mit der passierten Marinade und der Gemüsebrühe ablöschen.

7
Den Backofen auf 180 °C zurückschalten, Bräter in den Ofen schieben und das Geflügel 15 Minuten schmoren.

8
Reis in einem Sieb kalt abspülen, bis das Wasser klar ist. Eine Pfanne erhitzen, den Reis darin kurz rösten, mit dem Wasser ablöschen, aufkochen, den Reis auf der ausgeschalteten Wärmequelle zugedeckt 15 Minuten garen. Mit dem Olivenöl und dem Meersalz aufrühren.

GOD IS GOOD

Jeder Mensch hat das Recht auf Leben, Freiheit und Sicherheit der Person.

Der Faire Handel fördert die eigenständige Entwicklung und die Gleichberechtigung.

Couscous
100 g Couscous
ca. 0,75 dl/75 ml kaltes Wasser
1 EL Mandel- oder Nussöl
1/2 TL Meersalz
1 Zimtstange
2 EL Rosenwasser
2 EL Sultaninen
8 Aprikosenhälften, klein geschnitten
1 kleiner Granatapfel, Kerne

Kompott
1 dl/100 ml kräftiger Rotwein
1/2 Zimtstange
6 zerdrückte Kardamomsamen
1 Gewürznelke
1/2 unbehandelte Orange, abgeriebene Schale
4 EL Vollrohrzucker
250 g Zwetschgen, halbiert und entsteint

Couscous ist eine Schöpfung der Berber, eines Nomadenvolkes, die Grieß oder Mehl mit Wasser zu Kügelchen rollen und danach trocknen lassen. Das Grundnahrungsmittel wird im Norden aus Hartweizen, im Süden aus Hirse hergestellt.

1
Für das Kompott Rotwein, Gewürze, Orangenschalen und Zucker aufkochen, Zwetschgen zugeben und bei schwacher Hitze weich garen, aber nicht zerfallen lassen. Die Zwetschgen vorsichtig aus dem Fond nehmen. Den Fond zur Hälfte einreduzieren. Die Zwetschgen wieder zufügen.

2
Couscous auf die Arbeitsfläche streuen, mit kaltem Wasser besprühen und dieses mit den Handflächen und den Fingerspitzen in das Getreide einmassieren, so oft mit Wasser besprühen und einmassieren, bis das Couscous keine Flüssigkeit mehr aufnimmt. Das dauert etwa 8 Minuten. Das Öl nach und nach darüber träufeln, mit dem Salz in das Getreide einreiben; so kann ein Zusammenkleben verhindert werden. Das Couscous mit der Zimtstange in ein Tuch füllen und über Dampf 10 Minuten garen, Zimtstange entfernen. Couscous in eine Schüssel geben, mit Rosenwasser, Sultaninen, Aprikosen und Granatapfelkernen mischen.

Tipp
Zum Konservieren die Zwetschgen im Fond nochmals aufkochen, heiß in vorgewärmte Einmachgläser füllen. Sofort verschließen.

Süßes Couscous mit Zwetschgenkompott

In bäuerlichen Familien gibt es meist zwei größere Mahlzeiten, jeweils morgens und abends. Die meisten Frauen arbeiten tagsüber auf dem Feld und haben erst am Abend Zeit zum Kochen.

für eine Springform von 20 cm Durchmesser

4 Eigelbe von Freilandeiern
125 g Zucker
2 Gewürznelken
6 Kardamomsamen
1/2 Zimtstange
1/2 unbehandelte Orange, Zesten
250 g geschälte, geriebene Mandeln
125 g entsteinte, gehackte Datteln
4 Eiweiß
1 Prise Meersalz
2 EL Zucker

Butter für die Form
Puderzucker zum Bestäuben

Gefüllte Ananas
1 Baby-Ananas
1 Granatapfel
1 Blondorange
1 EL Rosenwasser
1 EL Palmzucker
1 Orange, Saft
1 Limette, Saft

1
Den Backofen auf 200 °C vorheizen.

2
Geriebene Mandeln auf ein Backblech verteilen und hellbraun rösten, mit einem Holzlöffel immer wieder rühren, damit die Nüsse gleichmäßig braun werden.

3
Den Backofen auf 150 °C Unter- und Oberhitze zurückschalten.

4
Form mit Butter einfetten, Boden eventuell mit Backpapier belegen.

5
Gewürznelken, Kardamom und Zimt im Mörser fein zerstoßen.

6
Eigelbe, Zucker, Gewürzmischung und Orangenzesten zu einer luftigen, cremigen Masse aufschlagen. Am besten mit dem Handmixer oder in einer Küchenmaschine. Mandeln und Datteln unterrühren.

7
Das Eiweiß mit der Prise Salz zu Schnee schlagen, Zucker (2 EL) nach und nach einrieseln lassen. Den Eischnee unter die Mandelmasse heben. Den Teig in die vorbereitete Form füllen.

8
Die Form in der Mitte in den Ofen schieben, Gewürzkuchen bei 150 °C etwa 45 Minuten backen. Ein wenig auskühlen lassen, auf ein Kuchengitter stürzen. Vor dem Servieren mit Puderzucker bestäuben.

9
Die Ananas samt Blättern halbieren, sorgfältig aushöhlen. Fruchtfleisch klein schneiden. Den Granatapfel entkernen. Die Blondorange großzügig schälen, Fruchtfilets aus den Trennhäutchen lösen und entkernen. Alle Früchte mischen. Rosenwasser erwärmen, Palmzucker darin auflösen, Zitrusfruchtsaft unterrühren. Gemischte Früchte zugeben, im Sirup marinieren. In die Ananashälften füllen.

Eischnee
Fettrückstände in einer Schüssel können mit einem Zitronenschnitz entfernt werden. So wird der Eischnee bestimmt schön fest. Am Schluss noch ein wenig Zucker einrieseln lassen.

Dattel-Gewürzkuchen mit gefüllter Ananas

Hirseauflauf mit Mangos und Datteln

Ein afrikanischer Brauch will es, dass der Stammesälteste vor einem Fest eine «Libation» durchführt, d. h. vor dem Ausschank der Getränke ein wenig davon auf die Türschwelle sprüht. Für die Ahnen ist das der Aufruf, das Fest zu segnen und böse Taten und Menschen fernzuhalten.

für eine Gratinform von 20 cm Durchmesser

Hirsemasse
150 g Goldhirse
2 1/2 dl/250 ml Wasser
1/2 TL Salz
1/2 Zimtstange
3 Eigelbe von Freilandeiern
1/2 unbehandelte Zitrone, Zesten
100 g flüssiger Honig
150 g Magerquark
3 Eiweiß
1 Prise Meersalz
2 EL Zucker

Butter für die Form

Füllung
8 entsteinte Datteln, in Streifen
1 säuerlicher Apfel, geschält, entkernt, gewürfelt
1 reife Mango, geschält, entsteint, gewürfelt
2 EL gehackte Pistazien
2 EL Cashewkerne
2 EL Mangokonfiture

Streusel
50 g geröstete, grob gehackte, Mandeln
30 g zimmerwarme Butter
2 EL Gari

1
Den Backofen auf 180 °C Ober- und Unterhitze vorheizen. Die Gratinform mit Butter einfetten.

2
Die Zutaten für die Füllung mischen.

3
Für die Streusel Mandeln, Butter und Gari zu Kügelchen verreiben.

4
Die Hirse in ein feines Sieb geben und mit kaltem Wasser überbrausen. Das Wasser mit einer Prise Salz und der Zimtstange aufkochen, Hirse einrühren, nochmals aufkochen, zugedeckt in den Ofen schieben, 20 Minuten bei 180 °C garen. Die Hirse aufrühren, in eine Schüssel umfüllen, zugedeckt abkühlen lassen.

5
Eigelbe, Zitronenzesten und Honig zu einer luftigen, cremigen Masse aufschlagen. Den Quark in kleinen Portionen unter die Eigelbmasse rühren. Die abgekühlte Hirse unterrühren. Das Eiweiß mit der Prise Salz zu Schnee schlagen, den Zucker einrieseln lassen, weiterschlagen, bis der Eischnee fest ist. Unter die Hirsemasse ziehen.

6
Die Hälfte der Hirsemasse in die vorbereitete Form füllen, 2/3 der Füllung darauf verteilen, mit der restlichen Hirsemasse decken, die restliche Füllung in der Mitte der Länge nach verteilen. Die Mandelstreusel darüber verteilen.

7
Die Form in der Mitte in den Ofen schieben, den Hirseauflauf bei 180 °C 30 Minuten backen.

Gari-Rosetten
100 g Gari
3 dl/300 ml Milch
100 g Butter
1 TL Zimtpulver
1 Prise Meersalz
2 Freilandeier
70 g Honig
100 g Datteln, entsteint, gewürfelt

Füllung
150 g rohe Mandelmasse
2 EL Mangokonfitüre
1 EL Orangenwasser
4 EL gehackte Pistazien

Puderzucker zum Bestäuben

1 Spritzbeutel mit Sterntülle Nr. 7

In weiten Teilen Afrikas ist es die Sitte, mit der rechten Hand zu essen. Speisen mit der linken Hand zu nehmen oder darzureichen gilt als respektlos. Kindern und Jugendlichen ist es erlaubt, beide Hände zu brauchen.

1
Den Backofen auf 200 °C Ober- und Unterhitze vorheizen.
2
Gari auf ein Kuchenblech verteilen und bei 200 °C leicht rösten.
3
Milch, Butter, Zimt und Salz aufkochen, Honig einrühren, Gari im Sturz zugeben, weiterrühren, bis sich ein Teig gebildet hat, der sich vom Pfannenboden löst. Pfanne von der Wärmequelle nehmen und die Masse etwas auskühlen lassen, die Eier einzeln unterrühren, die Datteln unterrühren.
4
Gariteig in einen Spritzbeutel mit Sterntülle Nr. 7 füllen. Auf ein mit Backpapier belegtes Blech etwa 30 Rosetten spritzen. Im vorgeheizten Ofen bei 180 °C 20 Minuten backen. Die Rosetten auskühlen lassen.
5
Die Zutaten für die Füllung verrühren.
6
Den flachen Teil der Gari-Rosetten mit der Mandelmasse bestreichen, eine zweite Rosette darauf drücken. Mit Puderzucker bestäuben.
Tipp
Die Gari-Rosetten lassen sich beliebig füllen. Wenn man beim Teig den Honig weglässt, können sie auch mit Senfbutter oder Meerrettichschaum gefüllt werden.

Gefüllte Gari-Rosetten

Kokosnussbällchen mit Gewürzsirup

Zu einer Tee-Zeremonie werden Freunde eingeladen. Es gibt Grüntee oder Pfefferminztee, beide mit viel Zucker gesüßt.

für ca. 35 Bällchen

Kokosnussbällchen
500 g Weißmehl
10 g Trockenhefe
1 dl/100 ml Milch
1½ dl/150 ml Kokosnussmilch
30 g zimmerwarme Butter

100 g Kokosnussflocken

Erdnussöl zum Backen

Gewürzsirup
½ l Wasser
1 Zimtstange
1 Zacken Sternanis
1 Vanilleschote,
längs aufgeschnitten
4 dünne Scheiben Ingwer

Kokosnussmilch
500 g frische geriebene Kokosnuss
500 g kochendes Wasser

1
Für die Kokosnussmilch das geriebene Kokosnussfleisch in einer Schüssel mit dem kochenden Wasser übergießen. Eine Stunde oder länger stehen lassen. Ein Sieb mit einem feinen Tuch (Mull-/Gazetuch) auslegen und auf eine Schüssel stellen. Die Kokosnussmasse in das Sieb geben und gut ausdrücken. Das ausgedrückte Fruchtfleisch wegwerfen.

2
Für den Gewürzsirup alle Zutaten bei mittlerer Hitze 20 Minuten kochen.

3
Für die Bällchen Mehl und Trockenhefe in einer Teigschüssel mischen, eine Vertiefung drücken. Milch, Kokosnussmilch und Butter in die Vertiefung geben, zu einem festen Teig kneten. Zugedeckt an einem warmen Ort aufgehen lassen.

4
Das Erdnussöl auf 180 °C erhitzen. Den Teig mit einem kleinen Eislöffel portionieren und portionenweise in das heiße Öl geben. Am besten geht das Portionieren, wenn der Eislöffel immer wieder ins Öl getaucht wird. Die noch heißen Bällchen in den Gewürzsirup tauchen und in den Kokosnussflocken drehen.

Kokosnussmilch
Kann gut eingefroren werden.

B'stila mit Karamellcrème und Nüssen

für eine Form von 18 cm Durchmesser

20 g getrocknete Mangos
20 g getrocknete Ananas
4 EL Vollrohr- oder Palmzucker
4 dl/400 ml Rahm/Sahne
2 TL Maisstärke
2 EL Grand Marnier
30 g Cashewkerne
30 g Pinienkerne
30 g Mandelstifte

5 Filoteigblätter
20 g flüssige Butter

Desserts wie wir sie kennen, fehlen in der afrikanischen Küche. Dafür gibt es als Abschluss eines Essens Früchte und süßes Gebäck.

1
Mangos und Ananas im Wasser 2 Minuten sprudelnd kochen, im Kochwasser auskühlen lassen, abgießen und klein schneiden.

2
Den Vollrohrzucker in einer Pfanne leicht karamellisieren, mit dem Rahm auffüllen, Karamell bei schwacher Hitze auflösen. Maisstärke und Grand Marnier verrühren, unter den Karamellrahm rühren, aufkochen, unter Rühren köcheln lassen, bis die Crème bindet. Die Pfanne von der Wärmequelle nehmen, die Früchte zugeben, in einer Schüssel zugedeckt auskühlen lassen.

3
Cashewkerne, Pinienkerne und Mandelstifte grob hacken.

4
Den Backofen auf 180 °C Ober- und Unterhitze vorheizen. Die Form mit Butter einfetten.

5
Filoteigblätter einzeln in die Form schichten und immer wieder mit der flüssigen Butter bepinseln. Ausgekühlte Karamellcrème einfüllen, mit den gehackten Nüssen bestreuen.

6
B'stila in der Mitte in den Ofen schieben, bei 180 °C 25 Minuten backen.

Tipp
Den Kuchen noch warm mit Pfefferminztee servieren.

200 g Zucker
150 g gehackte Erdnüsse
150 g Kokosnussflocken
2 EL Akazienblütenhonig
2 EL Limettensaft

weiche Butter

Obwohl Tee, Kaffee und Kakao in den meisten afrikanischen Ländern angebaut werden, werden sie traditionell nur in Äthiopien und Nordafrika nach dem Essen serviert. Der Großteil der Ernte wird exportiert.

1
Die Erdnüsse in einer Bratpfanne bei mittlerer Hitze hellbraun rösten.
2
Einen Kochtopf bei mittlerer Temperatur erhitzen. Zucker löffelweise einstreuen und zergehen lassen, bis er hellbraun ist. Erdnüsse, Kokosnussflocken, Honig und Limettensaft mit einem Holzlöffel unter den Karamell rühren, kurz rösten.
3
Kuchenblech oder eine Marmorplatte mit der Butter bepinseln, die Nussmasse 1 cm dick ausstreichen. Noch warm in die gewünschte Form schneiden. Einen Tag lang trocknen lassen.
Tipp
Das Gebäck in einer Blechdose aufbewahren. Zum Tee oder Kaffee servieren.

Kokosnuss-Erdnuss-Gebäck

Die Mango-Trocknerinnen Basnéré, Burkina Faso

Mango ist mehr als nur Ernährerin

Frauen sorgen maßgeblich für die Ernährung ihrer Familien. So sind sie auch die wichtigste Zielgruppe der Naam-Bewegung, die heute landesweit über 5000 Gruppen zählt. «Naam» bedeutet «Macht». Ziel der Organisation ist es, die Mitglieder zu befähigen, eine Grundlage für ihre Ernährungssicherheit zu schaffen. Die Naam-Gruppe Basnéré begann einheimische Produkte – auch Mangos – für den Eigenbedarf und den lokalen Markt zu trocknen.

Acht Uhr morgens. In Ouahigouya, einer Kleinstadt im Norden von Burkina Faso, hat der Nachtwächter das Tor des Naam-Zentrums Basnéré noch nicht aufgesperrt. Gelegenheit für mehrere Frauen, sich vor der Arbeit von ihrem fünf bis zehn Kilometer langen Fußmarsch auszuruhen.

Awa kennt Basnéré seit ihrer Kindheit. Ihre Mutter, Limata, gehört zu den Mitgliedern der allerersten Naam-Gruppe und war, mit neun anderen Frauen, am Aufbau des Projekts beteiligt, das 1989 für die erste Lieferung von hundert Kilo getrockneten Mangos in die Schweizer Drittweltläden sorgte. Damals konnte Limata weder lesen noch schreiben. Dank Alphabetisierungskursen, die das Naam-Zentrum organisiert, beherrscht sie nun das Abc ihrer Sprache Moré und ein wenig Französisch; sie erledigt die Buchhaltung im Betrieb.

Awa stand schon lange auf der Warteliste der Frauen, die in Basnéré arbeiten möchten. Vor kurzem hat sie die Stelle einer Schwägerin bekommen, die im obligatorischen einjährigen Mutterschaftsurlaub ist. Somit bleibt der Lohn der Großfamilie erhalten.

Awa hat großen Spaß an ihrer Arbeit. Am Vormittag schneiden die Frauen Frischfrüchte in Scheiben. Gearbeitet wird im Gebäude, das aus den Gewinnen

Ein Tag im Leben von Awa. Sie ist eine der Frauen, die im Zentrum Basnéré in Burkina Faso Mangos für den Verkauf in den Claro- und Weltläden in der Schweiz verarbeiten. Hunger und Armut gehören im westafrikanischen Land Burkina Faso zum Alltag.

der ersten Fair-Trade-Verkäufe gebaut werden konnte. Sie freut sich schon aufs Mittagessen, das ebenfalls aus diesen Gewinnen bezahlt und reihum von zwei Arbeiterinnen gekocht wird. Heute gibt es ihr Lieblingsessen Tô, Hirsebrei mit Gombosauce. Awa setzt sich mit den Kolleginnen in den Schatten des blühenden Mangobaums. Neuigkeiten werden ausgetauscht, aktuelle Probleme wie Aids und Zwangsehe diskutiert. Für die sechzig Mitarbeiterinnen ist Basnéré viel mehr als ein Arbeitsplatz! Sie fühlen sich hier ungeachtet ihrer religiösen und ethnischen Herkunft wie in einer großen Frauen-Familie.

Am Nachmittag werden Mangoscheiben auf mehrere mit Flechtwerk bespannte Holzrahmen ausgelegt und diese sorgfältig in die Sonnentrockner – einfache, mit Plastikplanen überspannte Zementblöcke – geschoben. Die Sonnentrockner werden in Basnéré nur in der Trockenzeit verwendet. In der Regenzeit, der Hauptsaison der Mangos, müssen aus Qualitätsgründen Gastrockner eingesetzt werden.

500 g Süßkartoffeln
4 EL Kokosnusscrème
1 EL Mangokonfiture
30 g Sultaninen

1 reife Mango, für die Garnitur

Die jungen Blätter der Süßkartoffeln werden als Blattgemüse gegessen.

1
Den Backofen auf 150 °C vorheizen.
2
Die Süßkartoffeln waschen, ungeschält auf ein Kuchenblech verteilen. Das Blech in der Mitte in den Ofen schieben, die Süßkartoffeln bei 150 °C etwa 30 Minuten backen. Süßkartoffeln schälen und mit einer Gabel zerdrücken, Koksnusscrème, Mangokonfitüre und Sultaninen unterrühren.
3
Die Crème in Schalen anrichten, mit Mangoschnitzen garnieren.
Tipp
Mit den Milchtörtchen, Seite 134, servieren.
Variante
Klein geschnittene Datteln unter die Crème mischen.

Süßkartoffelcrème mit Sultaninen

Kleingebäck wird in Afrika oft für Feste zubereitet. Dazu braucht es jeweils die Mitarbeit aller weiblichen Familienangehörigen.

für 8 Förmchen

Butterteig
200 g Weißmehl
40 g Wasser
1 Prise Meersalz
1 TL Zitronensaft
10 g Eigelb
90 g gefrorene Butter

weiche Butter für die Förmchen

Füllung
1 TL Maisstärke
2 dl/200 ml Rahm/Sahne
2 Eigelbe von Freilandeiern
50 g Zucker
1/2 Zimtstange
1 Vanilleschote, aufgeschnitten
1/2 unbehandelte Orange, Zesten
2 Eiweiß
1 Prise Meersalz
1 TL Zucker

1
Das Mehl auf die Arbeitsfläche häufen und einen Kranz formen. Wasser, Salz, Zitronensaft und Eigelb in die Mitte geben, alles zu einem Teig zusammenfügen. Den Teig 1 cm dick und rechteckig ausrollen. Die gefrorene Butter auf der Röstiraffel reiben, auf den Teig verteilen. Das Teigblatt wie für einen Blätterteig von der breiten Seite her 2 Mal einschlagen, so dass die Kanten aneinander stoßen. Den Teig noch 3 Mal auf die ursprüngliche Größe ausrollen und wieder falten. In Klarsichtfolie einschlagen. Im Kühlschrank 1 Stunde ruhen lassen.
2
Für die Füllung die Maisstärke mit 3 EL Rahm und den Eigelben verrühren. Restlichen Rahm, Zucker, Zimtstange, Vanilleschote und Orangenzesten aufkochen, unter ständigem Rühren zum Eigelb geben. Rahmmischung in die Pfanne zurückgeben und bei mittlerer Hitze zu einer Crème kochen. Die Crème durch ein feines Sieb in eine Schüssel passieren.
3
Den Backofen auf 200 °C vorheizen. Die Förmchen einfetten.
4
Den Teig 3 mm dick ausrollen, Rondellen in der Größe der Förmchen ausstechen und in die Förmchen legen. Den Teig mit einer Gabel 2 Mal einstechen.
5
Das Eiweiß mit dem Salz halb steif schlagen, den Zucker einrieseln lassen und zu festem Schnee schlagen. Den Eischnee unter die Crème ziehen, in die Förmchen füllen.
6
Die Förmchen in der Mitte in den Ofen schieben, Milchtörtchen bei 200 °C 10 Minuten backen, dann den Ofen auf 180 °C zurückschalten und die Törtchen nochmals ein paar Minuten backen.
Variante
Die Crème kann auch mit einem Likör aromatisiert werden.

Milchtörtchen

Fekkas – Mandelrollen mit Papayacrème

Teig
120 g Weißmehl
1 Prise Meersalz
1 EL Baumnussöl
1/2 dl/50 ml Wasser

Füllung
200 g geschälte, geriebene Mandeln
50 g weiche Butter
50 g Zucker
2 EL Rosenwasser
1 EL Zimtpulver
6 Datteln, entsteint und gehackt

Papayacrème
1 Papaya, geschält, entsteint, klein geschnitten
1 Limette, Saft
1 Prise Cayennepfeffer
4 EL Kokosnussmilch, Seite 74
2 EL Zucker

1 Eiweiß zum Bestreichen

Gebacken wird vor allem in Nord- und Südafrika.

1
Für den Teig Mehl, Salz, Öl und Wasser zu einem Teig zusammenfügen. In Klarsichtfolie einwickeln und 1 Stunde ruhen lassen.

2
Für die Füllung alle Zutaten mischen, in 4 Portionen teilen, daraus 6 cm lange Rollen formen.

3
Den Teig in 4 Portionen teilen und 6 cm breite Bänder ausrollen.

4
Die Mandelrollen auf die Bänder legen und den Rand der Teigbänder mit dem leicht verquirlten Eiweiß bepinseln, satt einrollen. Die Rollen halbieren und auf ein eingefettetes Blech legen, über Nacht ruhen lassen.

5
Den Backofen auf 200 °C vorheizen.

6
Das Blech in der Mitte in den Ofen schieben, die Mandelrollen bei 200 °C 10 Minuten backen. Auskühlen lassen.

7
Für die Papayacrème alle Zutaten pürieren.

Niemand kann sagen, er habe dies alles nicht gewusst.

Der Faire Handel setzt ein Zeichen gegen ausbeuterische Handelsbeziehungen.

Die Produzentengruppen der claro fair trade stammen aus Afrika, Asien, Südamerika und Europa. Es handelt sich dabei um Kleinproduzentinnen und Kleinproduzenten, die ihre Ware im konventionellen Handel nicht oder nur unter dem Produktionspreis verkaufen könnten. Valentin Konsana, Präsident der Bauernvereinigung Rhincami in Togo erklärt: «Der Faire Handel beruht auf dem Konzept, dass die Menschen im Norden sich zusammentun, um den Menschen im Süden, die ganz arm sind, einen besseren Lebensstandard zu ermöglichen. Das bedeutet, dass Konsumentinnen und Konsumenten bewusst Produkte kaufen, die von Kleinproduzenten stammen. Die Konsumenten wollen sehen, dass der Mehrwert in Projekte investiert wird, welche den Produzenten helfen, ihre Probleme zu lösen. Der Faire Handel ist also eine Garantie für Konsumentinnen und Konsumenten, dass ihr Geld direkt in die Hände der Produzenten gelangt.»

Zu den wichtigsten Förderzielen des Fairen Handels gehören die Ausbildung der Produzentengruppen in ökologisch nachhaltigen Produktionsmethoden (wenn nötig), die Errichtung sozialer und medizinischer Strukturen (Schulen, medizinische Ambulatorien usw.) und die Steigerung der Wertschöpfung im Herkunftsland. Letzteres bedeutet, dass die Produkte möglichst vor Ort verarbeitet und verpackt werden, um weitere Arbeitsplätze sicherzustellen.

claro-Produkte in diesem Kochbuch:
Fonio, Perlhirse, Sorgho, Nièbè-Bohnen, Gari und getrocknete Mangos

«Wir Frauen müssen im Moment wirklich viel arbeiten. Mit dem Export des Garis hoffen wir, einen Teil unseres täglichen Schmerzes zu überwinden», sagt N'Soukpoe Afi (38), Präsidentin der Gari-Produzentinnen Vévédodo aus Togo. Es ist nicht ihre Art, sich über die Lebensbedingungen zu beklagen. Die tägliche Last trägt N'Soukpoe Afi – wie alle anderen Frauen – mit Würde. claro fair trade trägt neu mit.

erhalten Sie in den Schweizer claro- und Weltläden, Magasins du Monde und Botteghe del Mondo. Je nach Witterung und Transportmöglichkeiten kann es bei einzelnen Produkten zeitweilig zu Ernteausfällen kommen. claro fair trade verzichtet jedoch auf die Belieferung durch Ersatzproduzenten, weil langfristige Abnahmeverträge und stabile Handelsbeziehungen mit den Produzentinnen und Produzenten zu ihren Grundsätzen gehören.

claro fair trade, Byfangstrasse 19, CH-2552 Orpund
Tel. +41 (0)32 356 07 00, mail@claro.ch, www.claro.ch

Register